Bruna Kaiser Wasem de Loreto

inter
saberes

# PERCEPÇÃO MUSICAL

CB034769

**inter saberes**

Rua Clara Vendramin, 58 . Mossunguê
CEP 81200-170 . Curitiba . PR . Brasil
Fone: (41) 2106-4170
www.intersaberes.com
editora@intersaberes.com

**Conselho editorial**
Dr. Alexandre Coutinho Pagliarini
Drª Elena Godoy
Dr. Neri dos Santos
Dr. Ulf Gregor Baranow

**Editora-chefe**
Lindsay Azambuja

**Gerente editorial**
Ariadne Nunes Wenger

**Preparação de originais**
Paladina da Palavra

**Edição de texto**
Caroline Rabelo Gomes
Mycaelle Albuquerque Sales
Palavra do Editor

**Capa e projeto gráfico**
Charles L. da Silva (*design*)
Look Studio/Shutterstock
(imagem de capa)

**Diagramação**
Signus *design*

**Designer responsável**
Charles L. da Silva

**Iconografia**
Regina Claudia Cruz Prestes
Sandra Lopis da Silveira

**Dados Internacionais de Catalogação na Publicação (CIP)**
**(Câmara Brasileira do Livro, SP, Brasil)**

Loreto, Bruna Kaiser Wasem de
   Percepção musical/Bruna Kaiser Wasem de Loreto.
Curitiba: InterSaberes, 2022. (Série Alma da Música)

   Bibliografia.
   ISBN 978-65-5517-280-5

   1. Música - Estudo e ensino 2. Percepção musical
I. Título. II. Série.

21-90224                      CDD-781.11

**Índices para catálogo sistemático:**
1. Percepção musical: Músicas   781.11

Cibele Maria Dias – Bibliotecária – CRB-8/9427

# SUMÁRIO

# ABREM-SE AS CORTINAS

O som é a matéria-prima da arte que chamamos de *música*. Pode ser ouvido com atenção e estima, quando apreciamos uma obra musical, por exemplo, em um concerto, ou, ainda, de forma desatenta e sem muita análise e pensamento crítico, quando a música serve apenas como "pano de fundo" para outras atividades. O fato é que, para que a música seja realmente compreendida, é preciso perceber os diversos elementos sonoros presentes em sua estrutura. Ao considerarmos a gama de possibilidades que podem ser contempladas na composição de uma obra musical, percebemos a necessidade de um conhecimento teórico, prático, vivencial e perceptivo para uma formação musical mais completa.

A música pode ser entendida como uma linguagem universal que utiliza o som e suas diversas formas de expressão artística – rítmicas, melódicas, harmônicas, timbrísticas, texturais, instrumentais, vocais etc. Como, então, ser capaz de ouvir, perceber e entender a música e seus elementos considerando-se a grande amplitude de estilos, ritmos, gêneros e formas? Como desenvolver uma escuta atenta e aguçada, capaz de discernir tantos detalhes? Nesse sentido, a Percepção Musical é uma disciplina fundamental para a formação de todo músico e profissional que trabalha com a música, independentemente do âmbito: produção musical, composição e arranjo, *performance*, ensino ou terapia (musicoterapia).

A percepção musical, assim como a *performance*, requer treinamento e disciplina. Podemos afirmar, até mesmo, que um profissional da música que não desenvolve seu ouvido torna-se limitado e mediano, pois um "bom ouvido" é uma habilidade indispensável para que se possa ouvir, reproduzir e escrever música, tarefas estas que fazem parte do dia a dia do músico.

Tendo em vista essa realidade e a necessidade de um estudo da percepção musical direcionado e com objetivos específicos, este livro foi elaborado como base didática para o aprendizado e o treinamento auditivos. Ele apresenta conteúdos essenciais, diversas explicações e exercícios que visam auxiliar nesse processo.

Os temas trabalhados nos seis capítulos que compõem esta obra são os seguintes: 1) fundamentos pedagógicos da percepção musical; 2) percepção rítmica em compassos compostos e irregulares; 3) percepção de intervalos harmônicos; 4) escalas pentatônicas e música modal; 5) percepção harmônica; e 6) ditados melódicos em compassos compostos e irregulares. Cada capítulo divide-se, ainda, em cinco temas, que estão distribuídos em tópicos e subtópicos.

Objetivamos, assim, que você, leitor, adquira conhecimentos e habilidades em percepção rítmica, melódica e harmônica.

Boa leitura e bons estudos!

# COMO APROVEITAR
# AO MÁXIMO ESTE LIVRO

Empregamos nesta obra recursos que visam enriquecer seu aprendizado, facilitar a compreensão dos conteúdos e tornar a leitura mais dinâmica. Conheça a seguir cada uma dessas ferramentas e saiba como estão distribuídas no decorrer deste livro para bem aproveitá-las.

## Primeiras notas

Logo na abertura do capítulo, informamos os temas de estudo e os objetivos de aprendizagem que serão nele abrangidos, fazendo considerações preliminares sobre as temáticas em foco.

Neste capítulo, abordaremos alguns dos fundamentos pedagógicos necessários para o aprendizado e o desenvolvimento da percepção musical, buscando esclarecer suas implicações no ensino de música. Apresentaremos algumas considerações sobre a escuta; aspectos da relação entre a audição musical e o professor de música e como este pode refletir sobre suas práticas de ensino; o desenvolvimento de automatismos de base da educação musical; o conceito de paisagem sonora na educação musical; alguns aspectos da memorização; e, por fim, os ohunks na percepção musical.

### 1.1 Considerações sobre a escuta

A educação musical é uma área que contempla diversos conteúdos, as chamadas disciplinas musicais, sendo a percepção musical um de seus pilares mais importantes.

Para que haja compreensão musical, é preciso que os sons musicais expressos sejam ouvidos. Após a captação das informações sonoras pelo ouvido humano, ocorrem a interpretação e a compreensão do ambiente sonoro pelo cérebro, encarregado dos processos cognitivos em questão. Constatamos, assim, que um processo fisiológico, efetivado com a recepção dos estímulos sensoriais pelos órgãos dos sentidos, e processos mentais específicos estão envolvidos nesse percurso.

A Percepção Musical como disciplina se caracteriza por estudos musicais nos quais são realizados treinamentos auditivos compostos por atividades diversificadas, como solfejos, ditados e exercícios rítmicos (Barbosa, 2009). É uma disciplina essencialmente prática, mas que inclui a reflexão acerca de conceitos teórico-musicais.

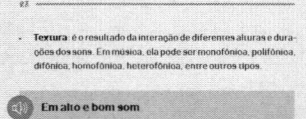

**Textura:** é o resultado da interação de diferentes alturas e durações dos sons. Em música, ela pode ser monofônica, polifônica, difônica, homofônica, heterofônica, entre outros tipos.

### Em alto e bom som

Uma das formas mais simples de entender as distintas texturas musicais é pensar em diferentes linhas melódicas como vozes. Uma melodia sem acompanhamento ou outras vozes simultâneas caracteriza a **monofonia**, ou monodia. Já a **polifonia** é uma textura na qual duas ou mais vozes são independentes e de igual importância. Exemplos de composições polifônicas são a fuga, o cânone e a imitação.

Por sua vez, o **canto difônico**, ou canto dos harmônicos, é o canto de dois ou mais sons produzidos simultaneamente por uma única pessoa, que, com muita técnica e habilidade, utiliza os espaços da cavidade bucal para destacar os harmônicos da própria voz. É um tipo de polifonia na mesma voz. Esta experiência permite novos planos de escuta e de emissão vocal. Em certas culturas, serve para a meditação.

Outra textura é a **homofonia**, caracterizada por uma voz que se destaca das demais. Aqui existe uma hierarquia: uma voz principal é acompanhada de outras secundárias. Também conhecida como *melodia acompanhada*, uma das propriedades mais perceptíveis da homofonia é a pouca independência rítmica entre as vozes. Atualmente, ela é a textura mais utilizada, principalmente na música popular.

## Em alto e bom som

Algumas das informações centrais para a compreensão da obra aparecem nesta seção. Aproveite para refletir sobre os conteúdos apresentados.

---

Ao aprender a tocar determinado instrumento, movimentos e gestos necessários para a *performance* musical são automatizados por meio dos hábitos adquiridos com a prática musical. Esses hábitos refletem a transformação de atos voluntários em automatismos, que resultam em aprendizagem motora.

Um dos automatismos de base em música corresponde à **identificação da ordem ascendente e descendente das notas musicais**, o que implica reconhecer o som desses movimentos sonoros, identificar a relação e a disposição das notas vizinhas e, ainda, representar as notas graficamente na partitura ou por meio das cifras. Dessa forma, configuram-se automatismos visuais e auditivos, bem como automatismos referentes às notas, às figuras e às respectivas terminologias.

### Se ligue na batida!

A **localização das notas musicais** em determinado instrumento para sua execução também constitui um tipo de automatismo de base. Consideremos uma criança em suas primeiras aulas de piano. Inicialmente, ela enxerga apenas as teclas do instrumento e percebe que, ao tocar cada uma, um som específico é emitido. Ela é, então, instruída a localizar os diferentes grupos de teclas pretas, que servirão de referência para a localização das notas musicais.

Nas primeiras semanas, ela pode confundir a posição da nota Dó com a nota Fá ou, ainda, fazer alguma outra "troca" sem se dar conta de que está soando no lugar errado. Com o passar do tempo, a localização dessas duas notas de referência e de todas as demais notas torna-se um conhecimento automático, ou seja, que não exige pensar demasiadamente sobre o assunto para que se consiga tocar.

## Se ligue na batida!

Apresentamos informações complementares a respeito do assunto que está sendo tratado.

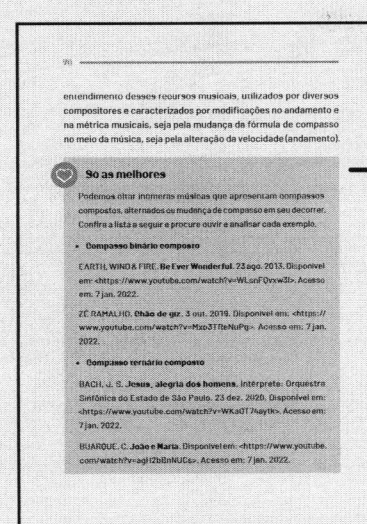

## Só as melhores

Para ampliar seu repertório, indicamos conteúdos de diferentes naturezas que ensejam a reflexão sobre os assuntos estudados e contribuem para seu processo de aprendizagem.

## Hora do ensaio

Nesta seção, propomos atividades práticas com o propósito de estender os conhecimentos assimilados no estudo do capítulo, transpondo os limites da teoria.

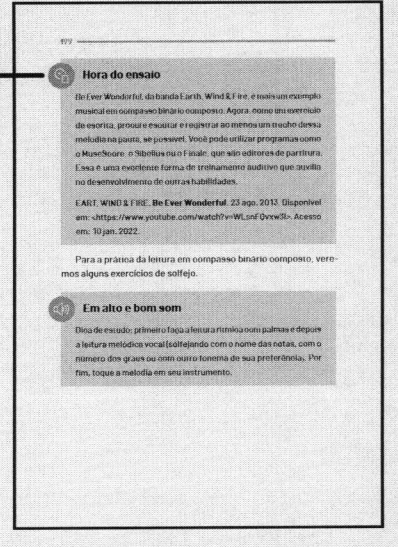

Schafer (1991) defende que o aluno de música exercite sua capacidade de descrição verbal dos sons, por meio da fala e da escrita, bem como sua capacidade de reprodução dos sons percebidos, utilizando seu corpo e sua voz. Desse modo, esse sujeito passa por uma sensibilização auditiva que o tornará apto a se expressar de maneira artística com mais liberdade.

## Resumo da ópera

Chegamos ao final deste primeiro capítulo, em que foram abordadas diversas questões referentes aos fundamentos pedagógicos da percepção musical. Inicialmente, tecemos algumas considerações sobre a escuta, perpassando os aspectos da escuta musical, a distinção entre escuta passiva e escuta ativa e a influência da familiaridade com o material musical na percepção.

Na sequência, discutimos sobre o papel do professor de música no desenvolvimento da audição musical dos alunos, destacando diferentes aspectos da audição; elementos musicais a serem trabalhados em sala de aula; a importância de ouvir, escutar e entender; os diferentes focos e objetivos em atividades de escuta; e os meios de ativação da audição musical.

Em seguida, passamos para a temática dos automatismos de base da educação musical, com destaque para a construção da habilidade de leitura e ordenação das notas musicais, sua localização no instrumento e a reprodução vocal da sequência por meio do aprendizado de canções de referência, que podem ser utilizadas no ensino.

Logo após, vimos questões relativas à memorização e aos ohunks na percepção musical, incluindo a distinção entre memória de curto prazo e memória de longo prazo; os processos de agrupamentos por

# Resumo da ópera

Ao final de cada capítulo, relacionamos as principais informações nele abordadas a fim de que você avalie as conclusões a que chegou, confirmando-as ou redefinindo-as.

---

meio de ohunks na memorização musical, envolvendo a codificação, o armazenamento e a recuperação ou resgate das informações musicais; e a importância da análise musical e da familiaridade para a memorização.

Por fim, trabalhamos com a noção de paisagem sonora para a educação musical, considerando a distinção entre os sons naturais, os sons produzidos pelos seres humanos e animais e os sons produzidos pelas máquinas criadas pelo homem. Também destacamos o aprendizado e a diferenciação das paisagens sonoras, como a paisagem do campo e a da cidade, além de apresentarmos um exemplo de partitura icônica, que consiste em uma representação gráfica dos sons ouvidos e percebidos em determinada paisagem sonora.

Esses são apenas alguns apontamentos sobre assuntos relevantes para o ensino e a aprendizagem da percepção musical. O professor de música deve sempre ter em mente que precisa estar em constante atualização, buscando aprofundar cada vez mais seu conhecimento sobre temas relacionados à sua prática pedagógica.

 **Teste de som**

1. Vamos praticar o automatismo da leitura com o uso das cifras correspondentes às notas musicais. Analise as sequências de notas a seguir e assinale-as com V (verdadeiro) ou F (falso), conforme a ordenação ascendente.
   ( ) F – G – A.
   ( ) A – B – D.
   ( ) C – D – E.
   ( ) D – E – G.
   ( ) B – C – D.

# Teste de som

Apresentamos estas questões objetivas para que você verifique o grau de assimilação dos conceitos examinados, motivando-se a progredir em seus estudos.

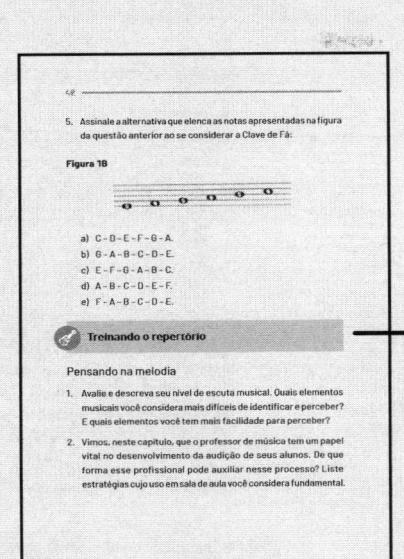

# Treinando o repertório

Aqui apresentamos questões que aproximam conhecimentos teóricos e práticos a fim de que você analise criticamente determinado assunto.

# Bibliografia comentada

Nesta seção, comentamos algumas obras de referência para o estudo dos temas examinados ao longo do livro.

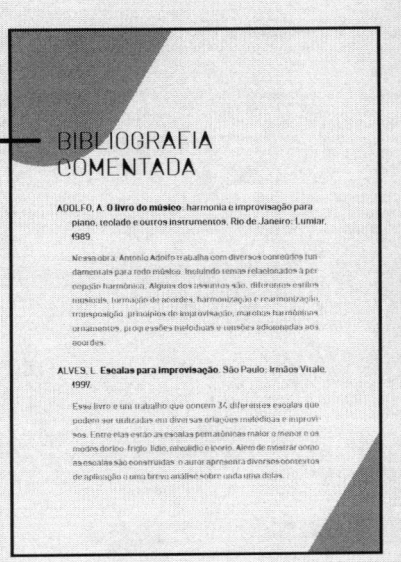

# Capítulo 1

# FUNDAMENTOS PEDAGÓGICOS DA PERCEPÇÃO MUSICAL

Neste capítulo, abordaremos alguns dos fundamentos pedagógicos necessários para o aprendizado e o desenvolvimento da percepção musical, buscando esclarecer suas implicações no ensino de música. Apresentaremos algumas considerações sobre a escuta; aspectos da relação entre a audição musical e o professor de música e como este pode refletir sobre suas práticas de ensino; o desenvolvimento de automatismos de base da educação musical; o conceito de paisagem sonora na educação musical; alguns aspectos da memorização; e, por fim, os *chunks* na percepção musical.

## 1.1 Considerações sobre a escuta

A educação musical é uma área que contempla diversos conteúdos, as chamadas *disciplinas musicais*, sendo a percepção musical um de seus pilares mais importantes.

Para que haja compreensão musical, é preciso que os sons musicais expressos sejam ouvidos. Após a captação das informações sonoras pelo ouvido humano, ocorrem a interpretação e a compreensão do ambiente sonoro pelo cérebro, encarregado dos processos cognitivos em questão. Constatamos, assim, que um processo fisiológico, efetivado com a recepção dos estímulos sensoriais pelos órgãos dos sentidos, e processos mentais específicos estão envolvidos nesse percurso.

A Percepção Musical como disciplina se caracteriza por estudos musicais nos quais são realizados treinamentos auditivos compostos por atividades diversificadas, como solfejos, ditados e exercícios rítmicos (Barbosa, 2009). É uma disciplina essencialmente prática, mas que inclui a reflexão acerca de conceitos teórico-musicais.

Entretanto, o conceito de **percepção musical** é bem mais abrangente, não se tratando apenas da identificação e distinção dos sons. Como explanado por Caznok (2008), ele se traduz como uma nova forma de ouvir, perceber e sentir música, em que diferentes modalidades perceptivas (o que engloba variadas sensações) são afloradas em quem escuta. A percepção, portanto, considera a escuta em um sentido mais amplo, que diz respeito ao modo como experimentamos o som mental e corporalmente, a fim de entender o poder expressivo da música.

Se comparada à visão, que envolve um sentido de clareza, solidez e objetividade, é possível afirmar que a maneira como experienciamos o som é imbuída de muito mais subjetividade e pessoalidade (Nogueira, 2010). Escutar implica perceber o mundo sonoro à nossa volta, e essa ação representa uma experiência incorporada. Não se pode dissociar som de movimento, do mesmo modo que não se pode desvincular a escuta da percepção nem a percepção do entendimento advindo da experiência corporal.

Como complementa Nogueira (2010, p. 39),

Música é uma construção mental e a mente é inerentemente incorporada. A incorporação é mais que uma atividade fisiológica e é constituída por padrões recorrentes da ação sensório-motora, que promove a maior parte do nosso entendimento. Entendimento é algo composto pelas estruturas imaginativas que surgem da nossa experiência perceptiva e que a estruturam. Percepção não é algo que ocorre apenas através da conjunção de um aparelho sensorial específico e uma área particular do cérebro, mas uma atividade que inclui todos os aspectos da ação corporal [...] Aquilo que a música pode comunicar não é, meramente, um pensamento, mas uma experiência.

A **escuta musical** se refere à percepção das diversas relações entre os sons e à identificação de agrupamentos significativos. Esses agrupamentos podem ser grandes e complexos, correspondendo às estruturas formais de uma obra, ou, ainda, podem ser constituídos de traços mais simples do padrão sonoro característico de pequenos grupos de notas musicais (Sloboda, 2008).

Além disso, a escuta é classificada em passiva ou ativa. A principal diferença entre esses tipos reside em dois elementos centrais: (1) o foco de atenção do ouvinte e (2) a memória. Atenção e memória são funções cognitivas que se relacionam entre si, assim como com outras funções cognitivas, por exemplo, a percepção. A memória pode estar atrelada ao conhecimento musical prévio (formal ou não), e o foco de atenção influencia na forma como escutamos e aprendemos música.

A **escuta musical passiva** é aquela em que o ouvinte não se engaja corporalmente com a música, apenas ouve e se deleita com a obra musical, ao dirigir, realizar tarefas domésticas ou qualquer outra atividade na qual o foco de sua atenção não esteja totalmente voltado para a música. Podemos dizer, nesse caso, que o ouvinte não está plenamente envolvido na análise cognitiva do material musical – é uma escuta pelo simples prazer de ouvir música.

A **escuta musical ativa**, por sua vez, é aquela em que há o envolvimento do ouvinte com o som captado. Essa relação é estabelecida pela utilização de instrumentos musicais ou, ainda, por meio de alguma expressão corporal e/ou vocal que traduza os sentimentos evocados pela música em reprodução. Essas expressões estão totalmente conectadas com as sensações inerentes à percepção musical, quais sejam:

- **Afetivas e emocionais**: quando a música evoca lembranças e sentimentos que fazem o ouvinte sorrir ou lacrimejar, por exemplo.

- **Auditivas**: quando o ouvinte percebe a intensidade sonora, a altura dos sons ouvidos (musicais ou não) e o timbre, como os sons de uma orquestra ou os ruídos provenientes de uma obra de construção civil, por exemplo.

- **Corporais**: quando determinado objeto da escuta leva o ouvinte a realizar algum movimento corporal, seja para tentar acompanhar o ritmo da música ouvida, seja para dançar.

A percepção em ação, juntamente à reflexão e à experiência contextualizada, pode ser considerada um dos princípios geradores da criatividade (Santos, 2010). Esse pensamento enfatiza a importância de uma escuta ativa para o ensino de música.

A **familiaridade** com o material musical objeto da escuta influencia na maneira como escutamos e percebemos os sons, os intervalos musicais, a harmonia, os timbres, os ritmos e os demais elementos da estrutura musical. A memória é, portanto, fundamental nesses processos, pois, quando conseguimos reconhecer os sons, isso significa que nosso cérebro foi capaz de aprender e de armazenar determinadas informações sonoras, que podem ser posteriormente recuperadas.

Para concluir esta seção, cabe mencionar que todas as pessoas (com raras exceções) são capazes de perceber o universo sonoro, as músicas e os demais elementos musicais, como tonalidades, intervalos entre notas, contornos melódicos, timbre, harmonia e ritmo (Sacks, 2007). Tendo em vista essas considerações, podemos dar sequência aos temas aqui explanados. Vamos lá?

## 1.2 A audição musical e o professor de música

Qual é o papel do professor de música no desenvolvimento da audição musical dos alunos? De que modo os conceitos musicais podem ser trabalhados em sala de aula? Como propiciar aos estudantes experiências de escuta musical ativa? Essas são algumas perguntas que todo educador musical deve se fazer, a fim de refletir sobre sua atuação, traçar estratégias, tornar-se uma boa influência e um verdadeiro motivador para o aprendizado musical integral dos alunos. Conforme argumenta Madalozzo (2014, p. 17), "um ensino baseado na experiência musical ativa faz com que os alunos ampliem suas possibilidades de entendimento daquilo que ouvem, tocam, cantam e criam".

Entre os diversos educadores musicais cujas contribuições transformaram a pedagogia musical, Edgar Willems foi um dos pedagogos que defenderam a importância da educação auditiva para o aprendizado musical. Como explica Parejo (2012), existe uma diferença entre ouvir, escutar e entender: *ouvir* corresponde à função sensorial do órgão auditivo; *escutar* representa a reação emocional que se segue ao impacto sonoro externo; e *entender* abrange a conscientização acerca dos sons que tocaram os ouvidos, de maneira ativa e reflexiva, quando há compreensão da parte do ouvinte.

Ainda de acordo com Willems, a audição musical pode ser estudada sob três aspectos: (1) fisiológico, (2) afetivo e (3) mental. "Segundo sua concepção, há uma ordem construtiva, natural, necessária à criação, que ordena a natureza, ser humano, música e audição"(Fonterrada, 2008, p. 138). O aspecto **fisiológico** vincula-se à sensorialidade auditiva, que diz respeito ao modo pelo qual "somos tocados e afetados por vibração sonora"(Parejo, 2012, p. 96). Para Willems, a memória sensorial advém do impacto dos sons registrados na substância orgânica – engramas, cuja base é biológica. O aspecto **afetivo** representa a afetividade auditiva, ou sensibilidade afetiva, que se manifesta em resposta emocional a elementos melódicos como intervalos, escalas, memória melódica e audição relativa. O aspecto **mental** diz respeito à inteligência auditiva, caracterizada pela habilidade de discriminar os sons, fazer associações e comparações, análises, sínteses e julgamentos, os quais demonstram a tomada de consciência e o entendimento do que se ouve (Parejo, 2012).

Conforme Madalozzo (2014, p. 20), "a percepção de determinados elementos musicais só é possível, se houver um conhecimento básico prévio e o constante trabalho musical, por meio de atividades de audição".

Diferentes focos e objetivos podem ser assumidos para atividades de escuta no treinamento auditivo, a saber:

- **Reprodução do material sonoro ouvido**: efetiva-se mediante a utilização de instrumentos, do próprio corpo e/ou da voz. Tal atividade demanda informações da memória auditiva do ouvinte, que pode realizar repetidas audições do material musical a fim de analisá-lo e memorizá-lo.
- **Escrita musical e posterior reprodução**: por meio de associação dos sons ouvidos, o ouvinte pode fazer uso de símbolos que os representem graficamente na partitura. Para isso, precisa de informações visuais e espaciais da memória de longo prazo, referentes ao aprendizado da grafia musical, que pode incluir outros elementos teórico-musicais. Em síntese, nesse tipo de escuta, busca-se expressar visualmente o som ouvido.

- **Movimento**: essa atividade consiste na expressão de sons por meio de movimentos e gestos corporais. A dança é um exemplo – com o corpo, é possível seguir movimentos preestabelecidos (coreografia) ou improvisados (dança livre), também manifestando sentimentos, tal como a música.

- **Apreciação e estímulo da criatividade**: o ouvinte pode apreciar uma obra musical de diversas formas, podendo ter sua curiosidade e sua criatividade despertadas, durante a escuta, por meio de diferentes recursos musicais e extramusicais; exemplo disso é a escuta para a criação e a sonorização de histórias. Esse tipo de escuta também requer dados prévios, de modo que o ouvinte possa fazer inúmeras associações, e isso está relacionado diretamente com seu histórico de vida, suas experiências pessoais. A apreciação está atrelada, ainda, à percepção, dado que, durante a escuta, o ouvinte pode identificar os materiais sonoros, os efeitos, os gestos expressivos e a estrutura da peça.

Outro educador musical que merece destaque é o compositor canadense Murray Schafer. Esse autor entende que, antes do treinamento auditivo propriamente dito, é preciso "limpar" os ouvidos. Como músico prático, ele considera que uma pessoa só consegue "aprender a respeito de som produzindo som; a respeito de música, fazendo música" (Schafer, 1991, p. 68). Essa "limpeza de ouvidos" concerne à reflexão acerca de todos os sons do horizonte acústico captados pela audição, pois, como argumenta o educador, os ouvidos são os órgãos dos sentidos mais expostos e vulneráveis.

A seguir, apresentamos alguns elementos analisados por Schafer.

- **Ruído**: é o som indesejável; qualquer sinal sonoro que interfere na escuta. Para muitas pessoas, até mesmo sons musicais podem representar um tipo de ruído. Segundo Fonterrada (2008, p. 196),

"Schafer acredita que é preciso voltar aos exercícios simples, básicos, de audição, para que a capacidade auditiva, tão prejudicada pelo aumento indiscriminado de ruído e pelas condições da vida moderna, recupere sua plena capacidade".

- **Silêncio**: é a ausência de som. Podemos afirmar que o silêncio absoluto não existe, uma vez que o mundo é composto por sonoridades. Em música, o silêncio protege o evento musical contra o ruído. As pausas dão destaque aos momentos de som presentes na música, podendo gerar expectativa e suspense e, ainda, estabelecer repousos musicais, entre outros.

- **Som**: "corta o silêncio (morte) com sua vida vibrante" (Schafer, 1991, p. 73). Essa definição evidencia o contraste com o silêncio. O referido autor mostra que o som pode ser curto ou longo, repetido ritmicamente, e cita o fonema como o som mais elementar da fala.

- **Timbre**: é "a cor do som – estrutura dos harmônicos" (Schafer, 1991, p. 75), característica particular de cada fonte sonora. Todo instrumento tem um timbre peculiar, o que confere individualidade (cor) à música.

- **Amplitude**: suscita a sensação de intensidade na escuta. A amplitude da onda sonora é uma propriedade física do som. Por exemplo, um som pode ser mais forte ou mais fraco, podendo seguir de maneira crescente ou decrescente.

- **Melodia**: é a combinação de sons de diferentes alturas; concepção horizontal da música, ou seja, sons que seguem uma linha contínua. A melodia é um dos aspectos que integram o fazer musical, sendo o que mais facilmente um leigo reconhece como *música*. A fala também é composta de diferentes inflexões de altura, que podem ser identificadas como *melodia da fala*. Essas inflexões dão ênfase às palavras e ajudam na intencionalidade da comunicação verbal.

- **Textura**: é o resultado da interação de diferentes alturas e durações dos sons. Em música, ela pode ser monofônica, polifônica, difônica, homofônica, heterofônica, entre outros tipos.

 **Em alto e bom som**

Uma das formas mais simples de entender as distintas texturas musicais é pensar em diferentes linhas melódicas como vozes. Uma melodia sem acompanhamento ou outras vozes simultâneas caracteriza a **monofonia** (ou monodia). Já a **polifonia** é uma textura na qual duas ou mais vozes são independentes e de igual importância. Exemplos de composições polifônicas são a fuga, o cânone e a imitação.

Por sua vez, o **canto difônico** (ou canto dos harmônicos) é o canto de dois ou mais sons produzidos simultaneamente por uma única pessoa, que, com muita técnica e habilidade, utiliza os espaços da cavidade bucal para destacar os harmônicos da própria voz. É um tipo de polifonia na mesma voz. Essa experiência permite novos planos de escuta e de emissão vocal. Em certas culturas, serve para a meditação.

Outra textura é a **homofonia**, caracterizada por uma voz que se destaca das demais. Aqui existe uma hierarquia: uma voz principal é acompanhada de outras secundárias. Também conhecida como *melodia acompanhada*, uma das propriedades mais perceptíveis da homofonia é a pouca independência rítmica entre as vozes. Atualmente, ela é a textura mais utilizada, principalmente na música popular.

É possível, ainda, encontrar diferentes texturas em uma mesma música, seja ela vocal, instrumental ou mista. Existem músicas com trechos polifônicos e com excertos homofônicos, pois, em um arranjo vocal, as vozes também podem imitar e exercer uma função de acompanhamento.

- **Ritmo**: de acordo com Med (1996), corresponde à ordem e à proporção em que estão dispostos os sons que constituem a melodia e a harmonia de uma música. Os ritmos podem ser regulares ou irregulares, calmos ou nervosos. Schafer (1991) explica que um ritmo regular sugere divisões cronológicas do tempo real, por exemplo, o tique-taque do relógio, o que caracteriza um tempo mecânico. Em contrapartida, um ritmo irregular estica ou comprime o tempo real, transmitindo a ideia de um tempo virtual ou psicológico. Exemplos de ritmos irregulares são as polirritmias presentes nas músicas africana, árabe e asiática.

Em complemento ao exposto, podemos mencionar as ideias de educadores contemporâneos que vêm trabalhando com a escuta musical ativa. Bernadete Zagonel, citada por Madalozzo (2014), apresenta alguns passos para se ouvir com atenção: (1) ouvir e sentir; (2) ouvir e imaginar a cena sugerida; (3) identificar os temas; (4) observar os instrumentos e respectivos timbres; (5) identificar as cenas ou as partes; (6) perceber a forma, a estrutura; e (7) elaborar um esquema escrito.

Com relação à audição musical, cabe observar que esta abrange **diversos aspectos pedagógicos**, como indica Madalozzo (2014), significativos para a apreciação e a percepção musical, a saber: biográfico e histórico-cultural (contextualização da obra); descritivo (cenas, histórias ou personagens e partes de "movimentos" da estrutura musical); técnico (conhecimento dos componentes musicais); e interpessoal (preferências musicais).

O autor ainda elenca **meios de ativação da audição musical**, descritos por Palheiros e Wuytack (1995), que podem ser usados em sala de aula, a saber: o motivo e o tema; o ritmo; a estrutura harmônica; a forma; a orquestração; o instrumental Orff (materiais utilizados na pedagogia Orff/Wuytack de educação musical); o canto; os elementos humorísticos (contidos nos temas melódicos); os ritmos de dança; o elemento verbal (associação de temas rítmicos a palavras e frases); a motricidade (utilização de gestos corporais para enfatizar temas); o aspecto cultural e artístico; a objetividade e a subjetividade; o elemento popular; a música *pop*, o *rock* e o *jazz*; as interpretações e os arranjos; o piano (instrumento versátil que pode ser utilizado para a exposição de temas, a memorização de melodias e acompanhamento) ou outro instrumento de domínio do professor; e os meios audiovisuais (ilustração de exemplos musicais).

Há, pois, inúmeras possibilidades para se trabalhar a audição musical no ensino de música, e o professor deve buscar as mais variadas estratégias e propostas para que a percepção seja aprimorada e o aprendizado musical ocorra de modo significativo para os alunos.

## 1.3 Automatismos de base da educação musical

Para entender como se constrói o conhecimento musical, é necessário refletir sobre os automatismos desenvolvidos no decorrer do aprendizado musical. Pode-se definir **automatismo** como o ato de tornar automático ou espontâneo algum conhecimento ou habilidade de caráter motor, perceptivo ou cognitivo (Duhigg, 2012).

Ao aprender a tocar determinado instrumento, movimentos e gestos necessários para a *performance* musical são automatizados por meio dos hábitos adquiridos com a prática musical. Esses hábitos refletem a transformação de atos voluntários em automatismos, que resultam em aprendizagem motora.

Um dos automatismos de base em música corresponde à **identificação da ordem ascendente e descendente das notas musicais**, o que implica reconhecer o som desses movimentos sonoros, identificar a relação e a disposição das notas vizinhas e, ainda, representar as notas graficamente na partitura ou por meio das cifras. Dessa forma, configuram-se automatismos visuais e auditivos, bem como automatismos referentes às notas, às figuras e às respectivas terminologias.

 ## Se ligue na batida!

A **localização das notas musicais** em determinado instrumento para sua execução também constitui um tipo de automatismo de base. Consideremos uma criança em suas primeiras aulas de piano. Inicialmente, ela enxerga apenas as teclas do instrumento e percebe que, ao tocar cada uma, um som específico é emitido. Ela é, então, instruída a localizar os diferentes grupos de teclas pretas, que servirão de referência para a localização das notas musicais.

Nas primeiras semanas, ela pode confundir a posição da nota Dó com a nota Fá ou, ainda, fazer alguma outra "troca" sem se dar conta de que está tocando no lugar errado. Com o passar do tempo, a localização dessas duas notas de referência e de todas as demais notas torna-se um conhecimento automático, ou seja, que não exige pensar demasiadamente sobre o assunto para que se consiga tocar.

O mesmo ocorre no aprendizado dos diferentes acordes e suas inversões: a princípio, o aluno pode ficar um pouco "perdido" e, até mesmo, levar algum tempo para tocar, mas, com o estudo e a prática, essa habilidade é assimilada.

Assim, no ensino de música, é preciso que o aluno refine habilidades físicas (motoras, visuais e auditivas), mentais (perceptivas e cognitivas), entre outras, para desenvolver-se musicalmente.

A **leitura musical** é uma habilidade que demanda esforço e tempo de dedicação por parte do aluno, visto que há obras de leitura simples e outras mais complexas. Nesse contexto, há diversas ferramentas que podem ajudar professor e aluno a atingir uma boa leitura musical e uma compreensão satisfatória da partitura convencional. A automatização da leitura, de movimentos ou de gestos para a prática musical, bem como a da própria percepção durante atividades de escuta, permite que o aluno progrida integralmente em seu aprendizado e no desenvolvimento de sua memória musical.

Outro tipo de automatismo que pode ser adquirido ao longo do estudo de determinado instrumento ou música diz respeito à **assimilação e execução de diferentes células e padrões rítmicos**. Nesse caso, é preciso ter conhecimento visual das figuras rítmicas e de outras simbologias; conhecimento auditivo de como "soa" certa rítmica; e, conforme o instrumento ou nível de dificuldade rítmica, a coordenação motora necessária para a execução.

Desse modo, esses automatismos representam a base para o aprendizado musical em sua totalidade e capacitam o aluno a realizar com êxito exercícios de leitura e escrita musical, solfejo, tarefas criativas como a composição e a improvisação, além da prática musical de forma geral.

Uma sugestão de canção que pode ser utilizada para trabalhar a automatização do nome das notas é a música *Minha canção*, composta por Chico Buarque, Luis Enríquez Bacalov e Sergio Bardotti (1977) e que faz parte da trilha de *Os Saltimbancos*. Na versão original, há alguns personagens (quatro animais) que entoam primeiramente as notas da escala ascendente e descendente e, em seguida, a letra da canção. As frases da letra da canção foram construídas com base no nome das notas musicais da escala de Dó maior e podem ser apresentadas de maneira ascendente e descendente.

Para conhecer essa música, acesse: <https://www.letras.mus.br/chico-buarque/86001/>.

Há outras canções que podem servir para o aprendizado da ordenação das notas musicais, como *Skala de Dó*, cantada pelo grupo Turma Dó Ré Mi (1986). Essa gravação pode ser ouvida em: <https://www.ouvirmusica.com.br/turma-do-re-mi/392034/>.

## 1.4 Memorização e *chunks* na percepção musical

Memorização é um tema extremamente relevante no ensino de música. A percepção é um dos processos que envolvem atenção e memória, como mencionado anteriormente. Por definição, a **memória** é a capacidade que o cérebro tem de reter informações e usá-las posteriormente. Há diversas formas de classificação da memória, sendo uma delas a seguinte:

- **Curto prazo** (ou memória de trabalho): é aquela que guarda informações por um breve tempo, geralmente alguns minutos. Trata dados recentes, que podem ser recordados no momento ou logo após seu recebimento, e tem capacidade de armazenamento limitada.

- **Longo prazo**: é aquela que guarda informações por um longo período, como lembranças de eventos marcantes, aprendizado de conteúdos e fisionomia de pessoas. Tem maior capacidade de armazenamento, possibilitando recuperar informações mesmo após meses ou até anos.

A **memorização musical** abrange os processos de codificação, armazenamento e recuperação das informações musicais. Além disso, engloba informações audíveis, cinestésicas (corporais) e visuais, fazendo-se presente no contexto de músicos e ouvintes. Em música, há a memorização do som das notas, da posição de cada nota na partitura e no instrumento, dos intervalos, dos acordes, da melodia e do ritmo de determinada obra musical, entre tantos outros elementos.

Conforme estudos citados por Caregnato (2017), há diferentes sistemas de memória musical, os quais acondicionam informações melódicas e rítmicas separadamente. Por esse motivo, muitas pessoas demonstram maior dificuldade em memorizar um ou outro aspecto musical. De acordo com a autora,

A existência de sistemas separados para a memória musical pode explicar por que alguns estudantes de Percepção Musical, por vezes, apresentam ótimo desempenho na memorização de sequências rítmicas, não ocorrendo o mesmo no caso da memorização de sequências melódicas. É possível ainda que esses diferentes sistemas de memória apresentem graus de desenvolvimento diferentes, de modo que um sistema opere com mais "facilidade" que outro. (Caregnato, 2017, p. 6)

A memorização pode ocorrer por meio de uma série de agrupamentos dos elementos musicais, os quais são chamados de **chunks**. Duhigg (2012) afirma que é por meio do processo de *chunking* que o cérebro converte uma sequência de ações em uma rotina automática por agrupamentos, estando em tal processo a raiz de como os hábitos são formados.

A memória *chunk* corresponde a um grupo de três a cinco itens associados; um agrupamento musical composto por três a cinco notas poderia ser um *chunk*; e uma frase composta por vários desses agrupamentos seria um nível mais elevado de *chunk* (Snyder, 2016). Os *chunks*, portanto, são "pedaços" ou fragmentos musicais com um tamanho que o cérebro é capaz de gerenciar.

Desse modo, quanto menor for a frase ou o agrupamento musical em questão, mais facilitado será o processo de memorização. Uma estratégia de estudo bastante útil e eficaz para todos os músicos e estudantes de música é a divisão da obra em pequenos trechos ou "partes", que podem corresponder a seções, temas, frases, células rítmicas e motivos ainda menores. Diversos estudiosos, como Chaffin, Imreh e Crawford (2002), ao tratarem da temática da memória, defendem esse tipo de estratégia e análise musical para que a obra seja mais bem compreendida e fixada.

Observe o exemplo a seguir (Figura 1.1). A melodia da canção *Asa branca*, de Luiz Gonzaga e Humberto Teixeira, que integra o repertório da música popular brasileira, apresenta uma melodia que pode ser dividida em frases menores. Preste atenção em cada frase destacada: procure cantar ou tocar cada frase isoladamente e perceba como a divisão do tema melódico em vários *chunks* facilita o processo de memorização como um todo.

**Figura 1.1** – Partitura de *Asa branca*, Luiz Gonzaga e Humberto Teixeira, 1947

Fonte: Gonzaga; Teixeira, 1947.

Como bem explanado por Caregnato (2017), decorar e memorizar não são ações opostas, e sim complementares, uma vez que é impossível que uma ocorra sem que a outra esteja presente. Contudo, alcançar a memorização de uma música por inteiro, com todos os detalhes, não é uma tarefa fácil. Como afirmado por Dowling (1978), geralmente memorizamos um contorno melódico da música ouvida, lembrando algumas subidas e descidas, sem muitas minúcias. Isso acontece com a maioria das pessoas. O processo de memorização é complexo, sendo preciso criar estratégias de estudo para que ele ocorra de modo satisfatório.

### Em alto e bom som

Uma boa memorização musical pode ser explicada pelo desenvolvimento da capacidade de compreensão e estruturação do material ouvido e também pela construção de *chunks* (Caregnato, 2017). É preciso treino e prática conscientes, buscando-se compreender a estrutura musical do objeto de estudo, e não somente "executar" a obra musical por meio da repetição exaustiva.

Ao tratar da relação entre memória e pensamento, Caregnato (2017) defende a importância da análise para um processo de memorização bem-sucedido, como podemos ver no trecho a seguir:

Parece que, quando tentamos memorizar música de modo eficiente, acabamos por realizar um trabalho de análise (e é precisamente esse o termo empregado pelos teóricos da música) que busca, entre outras coisas, classificar/atribuir nomes ao que é ouvido e estabelecer relações entre motivos, frases ou outras estruturas ouvidas, de modo a identificarmos, por exemplo antecedentes e consequentes, perguntas e respostas, etc.

[...] Para memorizar é preciso, portanto, investir em recursos que são próprios do pensamento, como a construção de análises e a atribuição de significados àquilo que está sendo ouvido. Em termos práticos, isso significa buscar identificar aspectos "técnicos" de estruturação musical, como progressões harmônicas, motivos, frases, mas pode significar também buscar por relações expressivas dentro da música, como a identificação de passagens dramáticas ou tensas, de momentos de relaxamento e repouso, entre outros aspectos. (Caregnato, 2017, p. 11-12)

Outra consideração acerca da memória musical concerne à repetição. Muitos músicos e estudantes de música memorizam apenas pela repetição mecânica e exaustiva, sem a realização de análises musicais e a adoção de outras técnicas para uma melhor compreensão daquilo que se toca. Nesse caso, diversos estudos, como o de Chaffin, Logan e Begosh (2012), apontam para a problemática desse tipo de memorização, cuja confiabilidade é baixa, já que não requer significativo uso do pensamento durante o estudo e a prática musicais. Nessa direção, Caregnato (2017, p. 13) afirma que "não é a cópia ou a repetição, propriamente, que promovem a memorização, mas sim a ampliação da capacidade de pensar sobre música a fim de compreendê-la".

Por fim, destaca-se a questão da familiaridade. Expressamos melhor aquilo que (re)conhecemos. Logo, quanto maior for a familiaridade com uma obra musical, maiores serão a compreensão e a memorização de seus detalhes estruturais. Por isso, deve-se buscar maior proximidade com as obras estudadas, de modo que seu conteúdo se torne mais familiar com o passar do tempo de análise e prática musicais.

# 1.5 A paisagem sonora na educação musical

Vivemos em um mundo permeado pelos mais variados tipos de sons, produzidos pela natureza, pelo ser humano ou, ainda, por máquinas. Desse modo, podemos afirmar que cada ambiente configura uma espécie de *paisagem sonora*, termo cunhado por Murray Schafer na década de 1970. De acordo com esse teórico, a paisagem sonora é constituída por todos os sons que ouvimos em diferentes momentos, sons estes responsáveis por provocar determinadas sensações nos ouvintes durante a escuta (Schafer, 1991). Nas palavras de Schafer (2001, quarta capa):

> Paisagem sonora – [...] é nosso ambiente sonoro, o sempre presente conjunto de sons, agradáveis e desagradáveis, fortes e fracos, ouvidos ou ignorados, com os quais vivemos. Do zumbido das abelhas ao ruído da explosão, esse vasto compêndio, sempre em mutação, de cantos de pássaros, britadeiras, música de câmara, gritos, apitos de trem e barulho da chuva tem feito parte da existência humana.

Esses sons provenientes de inúmeras fontes sonoras são categorizados como musicais ou não musicais, e muitos deles se caracterizam como ruídos, podendo, até mesmo, ser prejudiciais para a saúde auditiva. Há estudos na área da musicoterapia e neurologia, como o de Gattino (2015), que sinalizam uma preocupação com o efeito negativo dos ruídos e até de algumas músicas para determinadas pessoas, como em casos de autismo, esquizofrenia e epilepsia.

Gattino (2015) descreve situações que envolvem, por exemplo, música relacionada a momentos difíceis da vida, música de que o ouvinte não gosta, estados alterados de consciência, uso indiscriminado da música por pessoas com certas patologias, estímulo musical repetitivo e, por consequência, causador de fadiga emocional e impacto de padrões musicais desconhecidos. Por esse motivo, é estritamente necessário que os profissionais da música estudem e reconheçam que os sons também podem causar desconforto nas pessoas.

Voltando à questão da paisagem sonora de Schafer, pensemos em alguns exemplos. Em uma **paisagem do campo** há o predomínio de sons da natureza, como o canto dos pássaros e sons de outros animais, o som do vento batendo nas folhagens das árvores, o som da chuva, entre outros. Em uma **paisagem urbana moderna**, ao contrário, ressoam muito mais os sons mecânicos, como o de automóveis e buzinas no trânsito, o barulho de ferramentas, de aparelhos eletrodomésticos etc. Um terceiro exemplo poderia ser o ambiente interno de um barzinho, no qual as pessoas estão conversando, rindo, há música de fundo (muitas vezes em volume "alto") e o som de garçons trabalhando, servindo bebidas nas mesas, isto é, ouvem-se muito mais os sons produzidos pelo homem.

Segundo Torres (2018, p. 147-148), "os sons da paisagem são culturais, pois refletem a identidade do lugar e de seus habitantes [...] apresentam especificidades dos lugares". O autor cita diferentes tipos de sons: os de fenômenos da natureza; os dos insetos e animais; os dos seres humanos, com suas falas e ações; os advindos dos objetos construídos pelo homem; as músicas, entre outros.

Outro conceito de Schafer diretamente relacionado à paisagem sonora é o de **ecologia acústica**, que, conforme Madalozzo (2014, p. 25-26) "diz respeito ao estudo dos sons em relação à vida e à sociedade, isto é, à análise dos efeitos do ambiente acústico sobre os indivíduos que nele habitam". Para Schafer (2001), há uma grande composição musical formada pelo conjunto de sons presentes no ambiente acústico, e nós somos, ao mesmo tempo, público ouvinte, *performers* e compositores, embora não estejamos conscientes desse processo incessante.

Nesse sentido, um aprendizado musical abrangente deve contemplar o aprimoramento da percepção das diferentes paisagens sonoras existentes, assim como de uma escrita musical que possa traduzir os sentimentos percebidos ou sentidos ao se escutarem os mais diferentes tipos de sons contidos nelas. É fundamental, antes de tudo, estabelecer uma conexão entre os sentimentos e a capacidade de descrevê-los verbalmente. Para que isso ocorra, é necessário trabalhar e exercitar a percepção auditiva de distintas formas.

Schafer (1991, 2001) considera que uma boa educação musical está centrada na **qualidade da audição** e em uma **conscientização sonora**. É preciso, então, aprender a ouvir, analisar e distinguir os variados sons no ambiente. Para tanto, é essencial que haja equilíbrio na relação entre o ser humano, o ambiente e as possibilidades criativas do fazer musical. Além disso, o autor acredita na relevância de um fazer musical criativo e de uma aula de música em que o aluno possa se expressar por meio dos sons, organizando-os como sua própria música.

Atente para a seguinte afirmação: "a impressão é apenas metade da percepção. A outra metade é a expressão" (Schafer, 2001, p. 216). Ela reflete a ideia de que, para que se possa dizer que determinada paisagem sonora foi percebida, é preciso saber como expressar esses sons, reproduzindo-os ou representando-os por meio de desenhos, símbolos e/ou gráficos. Veja o exemplo a seguir (Figura 1.2), uma representação gráfica dos sons de uma tempestade.

**Figura 1.2** – Partitura icônica: a tempestade

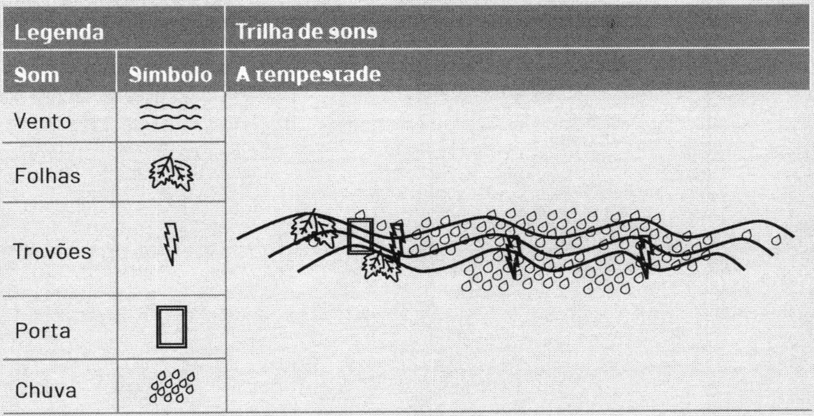

| Legenda | | Trilha de sons |
|---|---|---|
| Som | Símbolo | A tempestade |
| Vento | ～～～ | |
| Folhas | | |
| Trovões | | |
| Porta | | |
| Chuva | | |

Fonte: Silva, 2012, p. 53.

A Figura 1.2 corresponde a uma partitura icônica, definida por representar sons por meio de imagens. Conforme Martinez (2003), citado por Silva (2012), a música alcança conexões não verbais, as quais podem ser ilustradas por intermédio de imagens e símbolos, que, por sua vez, podem expressar ou tornar mais visíveis os sons que ouvimos. Agora, vejamos a descrição dessa paisagem sonora ilustrada:

Primeiramente, ouvimos o **vento**, que anuncia a chegada da tempestade, mas, por vezes, sua intensidade varia no decorrer dela. Em seguida, **folhas caindo** com a ação do vento. Depois, escutamos os **trovões** – nem sempre muito presentes, mas notados claramente quando aparecem. Quando o vento é forte, além das folhas caídas, geralmente ouvidas, há quase sempre, em um momento inesperado, **portas batendo**. Eis que surge ela: normalmente a última a chegar, por vezes fraca ou mesmo forte, mas sempre lavando tudo o que encontra, deixando seus vestígios por todos os lugares: a **chuva**.

Schafer (1991) defende que o aluno de música exercite sua capacidade de descrição verbal dos sons, por meio da fala e da escrita, bem como sua capacidade de reprodução dos sons percebidos, utilizando seu corpo e sua voz. Desse modo, esse sujeito passa por uma sensibilização auditiva que o tornará apto a se expressar de maneira artística com mais liberdade.

 **Resumo da ópera**

Chegamos ao final deste primeiro capítulo, em que foram abordadas diversas questões referentes aos fundamentos pedagógicos da percepção musical. Inicialmente, tecemos algumas considerações sobre a escuta, perpassando os aspectos da escuta musical, a distinção entre escuta passiva e escuta ativa e a influência da familiaridade com o material musical na percepção.

Na sequência, discutimos sobre o papel do professor de música no desenvolvimento da audição musical dos alunos, destacando diferentes aspectos da audição; elementos musicais a serem trabalhados em sala de aula; a importância de ouvir, escutar e entender; os diferentes focos e objetivos em atividades de escuta; e os meios de ativação da audição musical.

Em seguida, passamos para a temática dos automatismos de base da educação musical, com destaque para a construção da habilidade de leitura e ordenação das notas musicais, sua localização no instrumento e a reprodução vocal da sequência por meio do aprendizado de canções de referência, que podem ser utilizadas no ensino.

Logo após, vimos questões relativas à memorização e aos *chunks* na percepção musical, incluindo a distinção entre memória de curto prazo e memória de longo prazo; os processos de agrupamentos por meio de *chunks* na memorização musical, envolvendo a codificação, o armazenamento e a recuperação ou resgate das informações musicais; e a importância da análise musical e da familiaridade para a memorização.

Por fim, trabalhamos com a noção de paisagem sonora para a educação musical, considerando a distinção entre os sons naturais, os sons produzidos pelos seres humanos e animais e os sons produzidos pelas máquinas criadas pelo homem. Também destacamos o aprendizado e a diferenciação das paisagens sonoras, como a paisagem do campo e a da cidade, além de apresentarmos um exemplo de partitura icônica, que consiste em uma representação gráfica dos sons ouvidos e percebidos em determinada paisagem sonora.

Esses são apenas alguns apontamentos sobre assuntos relevantes para o ensino e a aprendizagem da percepção musical. O professor de música deve sempre ter em mente que precisa estar em constante atualização, buscando aprofundar cada vez mais seu conhecimento sobre temas relacionados à sua prática pedagógica.

## Teste de som

1. Vamos praticar o automatismo da leitura com o uso das cifras correspondentes às notas musicais. Analise as sequências de notas a seguir e assinale-as com V (verdadeiro) ou F (falso), conforme a ordenação ascendente.

   ( )  F – G – A.

   ( )  A – B – D.

   ( )  C – D – E.

   ( )  D – E – G.

   ( )  B – C – D.

Agora, marque a alternativa que apresenta a sequência obtida:

a) V, V, F, F, V.

b) V, F, V, F, V.

c) F, F, V, V, V.

d) F, V, F, V, F.

e) F, V, F, F, F.

2. Analise as sequências de notas a seguir e assinale-as com V(verdadeiro) ou F(falso), porém agora considerando uma leitura descendente, com o intervalo de terça entre as notas musicais.

( ) G – E – C.

( ) A – F – D.

( ) D – B – C.

( ) C – A – F.

( ) E – G – B.

Agora, marque a alternativa que apresenta a sequência obtida:

a) V, F, V, F, V.

b) F, V, V, V, F.

c) F, V, F, F, V.

d) F, V, F, V, F.

e) V, V, F, V, F.

3. Considerando o intervalo de quinta ascendente, analise as sequências de notas a seguir e assinale-as com V (verdadeiro) ou F (falso).

( ) G – D – A.

( ) E – B – F.

( ) F – B – E.

( ) C – G – D.

( ) A – D – E.

Agora, marque a alternativa que apresenta a sequência obtida:

a) V, F, V, V, F.

b) F, V, F, F, V.

c) V, V, F, V, F.

d) V, F, V, F, V.

e) F, F, V, F, V.

4. Assinale a alternativa que elenca as notas apresentadas na pauta a seguir, nomeadas da esquerda para a direita, ao se considerar a Clave de Sol:

**Figura 1A**

a) C – D – E – F – G – A.

b) G – A – B – C – D – E.

c) E – F – G – A – B – C.

d) A – B – C – D – E – F.

e) D – F – G – A – B – C.

5. Assinale a alternativa que elenca as notas apresentadas na figura da questão anterior ao se considerar a Clave de Fá:

**Figura 1B**

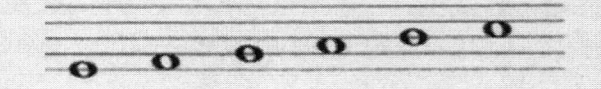

a) C – D – E – F – G – A.

b) G – A – B – C – D – E.

c) E – F – G – A – B – C.

d) A – B – C – D – E – F.

e) F – A – B – C – D – E.

 **Treinando o repertório**

## Pensando na melodia

1. Avalie e descreva seu nível de escuta musical. Quais elementos musicais você considera mais difíceis de identificar e perceber? E quais elementos você tem mais facilidade para perceber?

2. Vimos, neste capítulo, que o professor de música tem um papel vital no desenvolvimento da audição de seus alunos. De que forma esse profissional pode auxiliar nesse processo? Liste estratégias cujo uso em sala de aula você considera fundamental.

# Som na caixa

1. Um passo importante no processo de aprendizado da leitura
   musical convencional é o conhecimento de figuras musicais,
   seus símbolos, valores de tempo e pausas correspondentes.
   É necessário memorizar esses símbolos presentes na partitura
   convencional para que ocorra o aprendizado da notação musical
   e para que seja possível realizar a leitura e escrita musical. Com
   isso em mente, complete os quadros a seguir:

## Quadro 1A

| Nome da figura | Símbolo | Fração do compasso | Relação com a semínima | Nome da pausa | Símbolo da pausa | Fração da pausa da semínima |
|---|---|---|---|---|---|---|
| Semibreve | 𝅝 | 1 | | Pausa de semibreve | ▬ | |
| | 𝅗𝅥 | 1/2 | 2 | Pausa de mínima | ▬ | 2 |
| Semínima | 𝅘𝅥 | | 1 | Pausa de semínima | 𝄽 | |
| Colcheia | 𝅘𝅥𝅮 | 1/8 | 1/2 | | 𝄾 | ½ |
| | 𝅘𝅥𝅯 | | 1/4 | Pausa de semicolcheia | 𝄾 | ¼ |

## Quadro 1B

| Nome da nota | Símbolo | Duração | Relação da seminima |
|---|---|---|---|
| Mínima pontuada | 𝅗𝅥. | | 3 |
| | 𝅗𝅥. | 𝅘𝅥 + 𝅘𝅥𝅮 | |
| Colcheia pontuada | 𝅘𝅥𝅮. | 𝅘𝅥𝅮 + 𝅘𝅥𝅯 | 1/2 + 1/4 = 0,75 |

2. Vimos que a paisagem sonora abrange todos os sons que nos cercam. Faça um exercício de escuta de sua paisagem sonora e procure identificar e perceber todos os sons nela presentes. Em seguida, registre-os de forma escrita e, também, por meio de uma partitura icônica, para representá-los visualmente.

# Capítulo 2

## PERCEPÇÃO RÍTMICA EM COMPASSOS COMPOSTOS E IRREGULARES

A percepção rítmica envolve o conhecimento do elemento ritmo. O **ritmo**, conforme menciona Ian Guest no prefácio do livro *Método Prince: leitura e percepção – ritmo* (Prince, 1993), é o primeiro e mais intuitivo elemento da música. Está presente em nosso dia a dia nas mais diversas formas: na velocidade com que caminhamos, na métrica da fala, nos batimentos cardíacos, no tempo do relógio, na velocidade de nossa respiração etc.

O objetivo central deste capítulo é auxiliar você, leitor, no desenvolvimento e no treinamento da habilidade de escrita e da percepção rítmica em compassos compostos e irregulares. Para isso, serão trabalhados os seguintes conteúdos: identificação e percepção de um compasso composto; figuras rítmicas em compasso composto (colcheias e semicolcheias, semibreves, mínimas e semínimas); ligaduras em compassos compostos; compassos irregulares; mudanças de compasso e modulação métrica. Cada um dos tópicos será ilustrado por meio de exemplos de modo a contribuir para sua compreensão.

# 2.1 Compasso composto: como identificar e perceber

Para definir e classificar um compasso musical, é preciso entender que sua propriedade básica é a subdivisão rítmica de suas pulsações. Um **compasso simples** é formado por figuras rítmicas de pulso divisíveis por dois, enquanto um **compasso composto** tem pulsações divisíveis por três. Podemos dizer, assim, que, em um compasso simples, é possível preencher cada unidade de tempo com um número de figuras que seja múltiplo de dois e, em um compasso composto, com um número de figuras que seja múltiplo de três.

Mas o que é pulso ou uma pulsação em música? Toda fórmula de compasso se caracteriza por uma métrica. Essa métrica está diretamente ligada à pulsação de um compasso. O **pulso** pode ser definido como um sinal constante que marca o ritmo de uma música, representando uma unidade temporária de uma obra musical (Prince, 1993). Geralmente, quando ouvimos uma música e a acompanhamos com uma batida regular e constante, tocada pelos pés batendo no chão ou pelas mãos "batucando" em alguma coisa, estamos marcando o pulso dela.

Um **compasso** pode basicamente ser binário, ternário ou quaternário, sendo classificado como simples ou composto. Não é apenas a fórmula de compasso que muda de um binário simples para um binário composto, por exemplo, mas também a distribuição das figuras rítmicas dentro desses compassos. A seguir, apresentamos exemplos de um compasso binário simples (Figura 2.1) e de um compasso binário composto (Figura 2.2).

**Figura 2.1** – Compasso binário simples

Fonte: Félix, 2014.

**Figura 2.2** – Compasso binário composto

Fonte: Félix, 2014.

Note que, no compasso binário simples, a indicação de que este tem sua contagem em duas pulsações está na fórmula de compasso, com o número 2 representado no numerador dela. Já no compasso binário composto, a indicação não aparece na fórmula, estando subentendida na maneira como interpretamos e sentimos sua pulsação.

Observe a figura de semínima pontuada ilustrada acima das colcheias. Nesse caso, essa é a unidade de tempo do compasso, pois cada pulsação pode ser preenchida por três colcheias, que, somadas, resultam em seis (número indicado no numerador da fórmula de compasso: 6 por 8). No compasso composto, portanto, o número na parte superior da fórmula indica a primeira subdivisão do compasso, e não a quantidade de pulsações ou de figuras que representam sua unidade de tempo.

Você pode estar se perguntando: O que é uma unidade de tempo? Como encontrar sua medida em compassos simples e compostos? Em música, a **unidade de tempo (U.T.)** é definida como a figura que equivale ao pulso ou à pulsação no compasso em questão. No compasso simples, a figura que representa a U.T. é simples, como uma semínima ou uma colcheia, ao passo que, no compasso composto, a figura é composta (pontuada), como uma semínima ou uma mínima pontuadas.

### Em alto e bom som

Conforme definição contida no livro *Teoria da música*, de Bohumil Med, **"unidade de tempo (U.T.) ou tempo** é o valor que se toma por unidade de movimento. Tempo é o elemento unitário em que se 'decompõe' o compasso. Por sua vez, o tempo se divide em partes de tempo" (Med, 1996, p. 121, grifo nosso).

A seguir, o Quadro 2.1 apresenta as unidades de tempo dos compassos binário, ternário e quaternário compostos.

**Quadro 2.1 –** Unidades de tempo de compassos compostos

| Unidade de tempo | Binário | Ternário | Quaternário |
|---|---|---|---|
| UT = ♩. = ♩ + ♩ + ♩ | $\frac{6}{4}$ ♩. ♩. | $\frac{9}{4}$ ♩. ♩. ♩. | $\frac{12}{4}$ ♩. ♩. ♩. ♩. |
| UT = ♩. = ♪ + ♪ + ♪ | $\frac{6}{8}$ ♩. ♩. | $\frac{9}{8}$ ♩. ♩. ♩. | $\frac{12}{8}$ ♩. ♩. ♩. ♩. |
| UT = ♪. = ♬ + ♬ + ♬ | $\frac{6}{16}$ ♪. ♪. | $\frac{9}{16}$ ♪. ♪. ♪. | $\frac{12}{16}$ ♪. ♪. ♪. ♪. |

Fonte: Unidades..., 2019.

Como podemos observar, os exemplos têm os números 4, 8 e 16 no denominador da fórmula de compasso, e os compassos binário, ternário e quaternário apresentam, respectivamente, os números 6, 9 e 12 no numerador.

Já vimos, na Figura 2.2, o exemplo da divisão rítmica de um compasso binário composto. Analisemos agora como fica a divisão rítmica nos compassos ternário e quaternário compostos.

**Figura 2.3** – Compasso ternário composto

Fonte: Félix, 2014.

**Figura 2.4** – Compasso quaternário composto

Fonte: Félix, 2014.

Para identificar e perceber os compassos compostos, primeiramente é necessário identificar e perceber os compassos simples, para que então se aprenda a diferenciá-los. Neste momento, também é importante relembrar o conceito de **unidade de compasso (U.C.)**, que representa a figura musical que preenche sozinha todo o compasso. Conforme Med (1996, p. 121), "para encontrar a unidade de compasso soma-se o número de figuras indicadas pelo denominador reduzindo-as a uma só ou ao menor número possível de figuras". Veja os exemplos apresentados nos Quadros 2.2 e 2.3.

**Quadro 2.2** – Fórmulas de compasso simples e unidades de compasso

| Fórmula de compasso | $\frac{2}{4}$ | $\frac{3}{4}$ | $\frac{4}{4}$ |
|---|---|---|---|
| Unidade de compasso | 𝅗𝅥 | 𝅗𝅥. | 𝅝 |

**Quadro 2.3** – Fórmulas de compasso composto e unidades de compasso

| Fórmula de compasso | $\frac{6}{8}$ | $\frac{9}{8}$ | $\frac{12}{8}$ |
|---|---|---|---|
| Unidade de compasso | 𝅗𝅥. | 𝅗𝅥. 𝅗𝅥. | 𝅝 . |

Assim, são diversos os conteúdos relacionados ao estudo dos compassos. Nesta seção, abordamos as características básicas e diferenciadoras dos compassos simples e compostos, as definições fundamentais de pulsação, U.T. e U.C., assim como alguns exemplos de fórmulas de compasso composto e as respectivas U.T.s.

## 2.2 Figuras rítmicas em compasso composto

Para uma melhor compreensão dos compassos compostos, é necessário saber como as figuras rítmicas podem ser distribuídas em função dos valores de tempo correspondentes. Na sequência, examinaremos exemplos das figuras rítmicas mais utilizadas em diversos tipos de compassos compostos.

### 2.2.1 Colcheias e semicolcheias

As figuras de colcheias e de semicolcheias representam a divisão da figura de semibreve em 8 e 16 partes iguais, respectivamente. Observe como ficam os compassos compostos preenchidos por essas figuras.

- **Compasso binário composto (6 por 8)**

**Figura 2.5** – Compasso binário composto (6 por 8)(1)

1 ta ta 2 ta ta 1 ta ta 2 ta ta 1 ta ta 2 ta ta

**Figura 2.6** – Compasso binário composto (6 por 8)(2)

**Figura 2.7** – Compasso binário composto (6 por 8)(3)

O número inferior da fórmula de um compasso composto indica qual é a figura que ocupa um terço do tempo. Ao analisar o compasso 6 por 8, chegamos à conclusão de que **a colcheia equivale a um terço do tempo**, já que sua U.T. pode ser preenchida por três colcheias. A semicolcheia tem metade da duração da colcheia. Em um compasso 6 por 8, **a semicolcheia equivale a um sexto do tempo**. Dessa forma, nesse compasso podem ser colocadas 6 colcheias, 12 semicolcheias ou a combinação dessas duas figuras de variadas formas, como nos exemplos vistos.

- **Compasso binário composto (9 por 8)**

**Figura 2.8** – Compasso binário composto (9 por 8)(1)

1 ta ta 2 ta ta 3 ta ta 1 ta ta 2 ta ta 3 ta ta 1 ta ta 2 ta ta 3 ta ta

**Figura 2.9** – Compasso binário composto (9 por 8)(2)

**Figura 2.10** – Compasso binário composto (9 por 8)(3)

- **Compasso quaternário composto (12 por 8)**

**Figura 2.11** – Compasso quaternário composto (12 por 8)(1)

**Figura 2.12** – Compasso quaternário composto (12 por 8)(2)

**Figura 2.13** – Compasso quaternário composto (12 por 8)(3)

## 2.2.2 Semibreves, mínimas e semínimas

As semibreves, as mínimas e as semínimas são algumas das figuras mais utilizadas em música, sendo a primeira a mais longa, a segunda equivalente à metade do valor de duração da primeira e a terceira correspondente a um quarto de duração da primeira.

- **Compasso binário composto (6 por 8 e 6 por 4)**

**Figura 2.14** – Compasso 6 por 8

**Figura 2.15** – Compasso 6 por 8 (com colcheias adicionadas)

**Figura 2.16** – Compasso 6 por 4 (1)

**Figura 2.17** – Compasso 6 por 4 (2)

- **Compasso ternário composto (9 por 8 e 9 por 4)**

**Figura 2.18** – Compasso 9 por 8 (1)

**Figura 2.19** – Compasso 9 por 8 (2)

**Figura 2.20** – Compasso 9 por 4 (1)

**Figura 2.21** – Compasso 9 por 4 (2)

- **Compasso quaternário composto (12 por 8 e 12 por 4)**

**Figura 2.22** – Compasso 12 por 8

**Figura 2.23** – Compasso 12 por 8 (com colcheias adicionadas)

**Figura 2.24** – Compasso 12 por 4 (1)

**Figura 2.25** – Compasso 12 por 4 (2)

# 2.3 Ligaduras em compassos compostos

"Ligadura é uma linha curva [...] grafada sobre ou sob as figuras musicais" (Med, 1996, p. 47). Existem diferentes tipos de ligadura: de prolongamento, de frase, de expressão, de quiáltera e de ponto ligado. Nesta seção, trataremos do primeiro tipo, a **ligadura de prolongamento**, cuja finalidade é prolongar a duração da nota. Coloca-se o sinal de ligadura na figura que se deseja prolongar de modo a ligá-la a outra de mesma altura na pauta, somando-se as durações. Pode-se utilizar a ligadura dentro do compasso ou, ainda, de um compasso para o seguinte, quando a intenção é prolongar a duração da nota para além dos limites do compasso. A seguir, apresentamos alguns exemplos.

- **Ligaduras em compasso 6 por 8**

**Figura 2.26** – Ligaduras em compasso 6 por 8 (1)

Agora, observe como ficaria o exemplo anterior sem ligaduras dentro do compasso, somente de um compasso para o outro.

**Figura 2.27** – Ligaduras em compasso 6 por 8 (2)

Nesse caso, opta-se por colocar a figura com o dobro da duração ou o ponto de aumento para prolongar o som.

- **Ligaduras em compasso 6 por 4**

**Figura 2.28** – Ligaduras em compasso 6 por 4

Agora, veja o exemplo anterior sem as ligaduras.

**Figura 2.29** – Compasso 6 por 4

### - Ligaduras em compasso 9 por 8

**Figura 2.30** – Ligaduras em compasso 9 por 8 (1)

Agora, verifique o exemplo anterior escrito de outra maneira, mas mantendo-se as ligaduras de prolongamento necessárias.

**Figura 2.31** – Ligaduras em compasso 9 por 8 (2)

### - Ligaduras em compasso 9 por 4

**Figura 2.32** – Ligaduras em compasso 9 por 4 (1)

A seguir, veja o exemplo anterior com outras figuras substituindo algumas das ligaduras.

**Figura 2.33** – Ligaduras em compasso 9 por 4 (2)

- **Ligaduras em compasso 2 por 8**

**Figura 2.34** – Ligaduras em compasso 2 por 8 (1)

Observe, agora, o exemplo anterior com outras figuras e ponto de aumento.

**Figura 2.35** – Ligaduras em compasso 2 por 8 (2)

- **Ligaduras em compasso 12 por 4**

**Figura 2.36** – Ligaduras em compasso 12 por 4 (1)

Observe o exemplo anterior com figuras substitutas e pontos de aumento.

**Figura 2.37** – Ligaduras em compasso 12 por 4 (2)

 **Se ligue na batida!**

Cada exemplo foi apresentado com uma escrita correspondente, isso porque, em muitos casos, a ligadura de prolongamento pode ser substituída por outra figura musical de maior duração, com ou sem o uso do **ponto de aumento**. O ponto de aumento é colocado do lado direito da cabeça da nota e aumenta metade do valor da figura. Em alguns casos, a ligadura torna-se um recurso que auxilia na contagem e na divisão rítmica do compasso, principalmente quando se trata de compassos compostos. Em outros momentos, o ponto de aumento é um recurso mais apropriado, mas existem as duas opções. Geralmente, procura-se grafar as notas na pauta de modo a facilitar a leitura musical para o intérprete.

Na sequência, abordaremos os compassos irregulares. Continue acompanhando!

# 2.4 Compassos irregulares ou alternados

Compassos irregulares são compassos que reúnem tempos simples e compostos em sua estrutura. Também são chamados de *alternados, assimétricos, mistos* ou *complexos*. De acordo com Med (1996, p. 123), eles são "formados pela união de dois ou mais compassos diferentes executados alternadamente". Por se caracterizarem como uma mistura de diferentes fórmulas de compasso, a acentuação dos compassos irregulares é variável conforme escolha do compositor para a divisão das batidas.

O uso de compassos irregulares é mais comum no *rock* progressivo e suas variantes (por exemplo, metal progressivo), no *jazz* e na música erudita contemporânea, em que há uma busca por um resultado musical não convencional. Adiante, veremos alguns exemplos de melodias em compassos irregulares.

**Figura 2.38** – Melodia em compasso irregular 5 por 8

Nesse primeiro caso, as colcheias estão divididas em grupos de três e duas notas, o que caracteriza a junção dos compassos 3/8 e 2/8. O **compasso 5 por 8**, portanto, é resultado da soma de 3/8 + 2/8. Confira a descrição a seguir.

**Figura 2.39** – Formação do compasso 5 por 8

3/8 ♪ ♪ ♪ +2/8 ♪ ♪ = 5/8 ♪♪♪♪♪

Para um melhor entendimento e assimilação do compasso irregular, recomenda-se que a primeira leitura seja apenas rítmica, fazendo-se as marcações segundo a divisão dos agrupamentos perceptíveis. Dessa forma, é possível analisar a estrutura métrica e entender como acentuar corretamente.

Quando identificamos qual é a combinação contida no compasso irregular em questão, percebemos que ele apresenta diferentes U.T.s. Uma vez que esse compasso tem **acentuação métrica não regular**, sua U.T. é representada por mais de uma figura. No decorrer da música, essas figuras são alternadas, provocando no ouvinte a sensação de que o tempo é deslocado.

O compasso 5/8, por exemplo, pode ser preenchido pela soma entre a semínima e uma semínima pontuada.

**Figura 2.40** – Semínima com semínima pontuada

♩ + ♩.

Observe, na sequência, mais um exemplo de compasso irregular, cuja característica básica é a alternância de suas acentuações métricas.

**Figura 2.41** – Melodia em compasso irregular 7 por 4

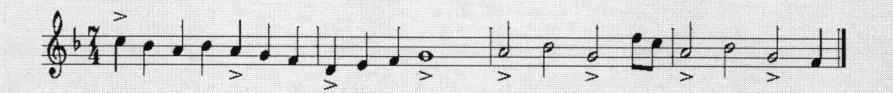

Note as acentuações demarcadas na Figura 2.41. Nesse caso, o **compasso 7 por 4** é resultante da soma dos compassos 4/4 + 3/4. Para o preenchimento do compasso, podem ser empregadas quatro semínimas mais uma mínima pontuada e valores correspondentes a essa soma, por exemplo, uma semibreve mais uma mínima pontuada, três mínimas mais uma semínima etc. As acentuações podem alternar a cada quatro e três semínimas ou o inverso, a cada três e quatro semínimas.

**Figura 2.42** – Composição do compasso 7 por 4

O exemplo seguinte é de um **compasso 8 por 8**. Assim como o compasso 4 por 4, esse tipo pode conter oito colcheias, porém é considerado um compasso irregular, pois sua estrutura se caracteriza pela divisão de três tempos alternados: 3/8 + 3/8 + 2/8. A alternância pode variar conforme a intenção do compositor, com o 2/8 primeiro ou no meio dos compassos de 3/8.

**Figura 2.43** – Melodia em compasso irregular 8 por 8

Perceba, a seguir, as diferentes combinações de acentuações métricas possíveis dentro do compasso 8 por 8.

**Figura 2.44** – Somatório de compassos simples (1)

3/8 ♪ ♪ ♪ + 2/8 ♪ ♪ + 3/8 ♪ ♪ ♪

**Figura 2.45** – Somatório de compassos simples (2)

2/8 ♪ ♪ + 3/8 ♪ ♪ ♪ + 3/8 ♪ ♪ ♪

**Figura 2.46** – Somatório de compassos simples (3)

3/8 ♪ ♪ ♪ + 3/8 ♪ ♪ ♪ + 2/8 ♪ ♪

O compasso 8 por 8 também pode ser preenchido por figuras que representam as U.T.s presentes em sua composição, como ilustrado a seguir.

**Figura 2.47** – Unidades de tempo do compasso 8 por 8

| ♩. + ♩ + ♩. |
|---|

| ♩. + ♩. + ♩ |
|---|

| ♩ + ♩. + ♩. |
|---|

Há, ainda, os compassos irregulares de 10 tempos e 11 tempos, os quais abrangem um total de quatro tempos alternados, incluindo tempos simples e compostos. Considere estes exemplos: **compasso 10 por 8** (3/8 + 3/8 + 2/8 + 2/8) e **compasso 11 por 8** (3/8 + 3/8 + 3/8 + 2/8).

**Figura 2.48** – Melodia em compasso irregular 10 por 8

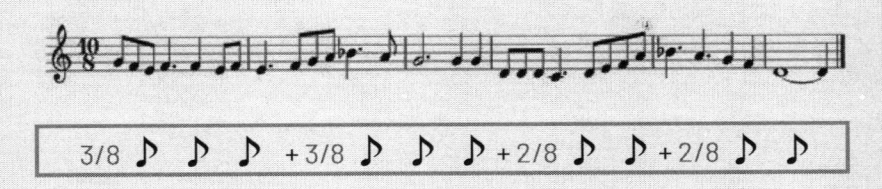

**Figura 2.49** – Compasso irregular 11 por 8

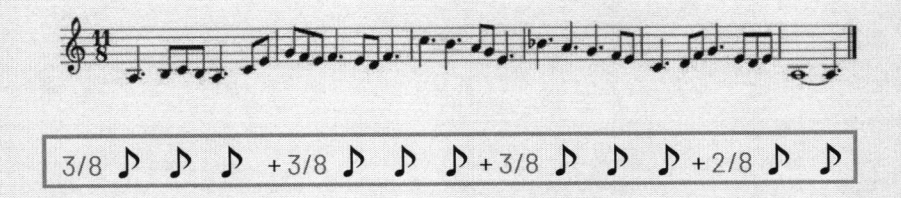

## 2.5 Mudanças de compasso e modulação métrica

Uma música geralmente apresenta métrica constante e uma fórmula de compasso que caracteriza sua contagem e divisão rítmicas. Entretanto, é possível que ocorram mudanças de compasso no decorrer da obra musical, assim como pode haver alterações de tonalidade. Quando há **mudança de compasso**, isso deve ser sinalizado para o leitor por meio da indicação da nova fórmula no novo compasso. A música pode, por exemplo, iniciar em compasso quaternário e passar para um compasso ternário; igualmente, pode ir de um compasso simples a um compasso composto, e vice-versa, de um compasso irregular para um compasso simples, entre tantas outras variações.

Um recurso muito utilizado nesse processo é a barra dupla para separar o último compasso da fórmula inicial do compasso da nova fórmula apresentada, e assim sucessivamente, conforme o número de alterações na mesma música. Observe o exemplo a seguir, em que há mudança de um compasso quaternário simples para um ternário simples e, em seguida, para um binário composto.

**Figura 2.50** – Mudanças de compasso

Quando há mudança de compasso, pode haver alteração no pulso e na velocidade da música, mas nem sempre. Assim, é possível que a música mantenha o mesmo pulso e a mesma velocidade das figuras musicais, algo bastante comum.

A **modulação métrica** é uma das estratégias adotadas para mudanças controladas de velocidade e andamento musical, por meio de acelerações e desacelerações das pulsações (Gandelman; Cohen, 2006). Comumente envolve mudança de compasso, mas não necessariamente. Diversas modulações métricas se estabelecem por meio de uma sobreposição polirrítmica, isto é, uma sobreposição de estruturas métricas. Por exemplo, tomemos como referência a sobreposição de seis notas sobre quatro notas de um compasso quaternário ou de seis pulsações sobre quatro tempos.

**Figura 2.51** – Sobreposição rítmica em compasso quaternário

Como ilustrado na Figura 2.52, a música pode iniciar em compasso quaternário com um valor de pulsação igual a 120 BPM (batidas por minuto) e, em determinado momento, entrar em uma segunda linha melódica ou rítmica, com a contagem de seis para quatro nesse mesmo compasso. Na sequência, a pulsação é acelerada pela quiáltera de seis e passa a apresentar 180 BPM. Por meio da sobreposição rítmica, abandona-se a estrutura inicial e adere-se à estrutura de pulsação que está sobreposta como a nova métrica. A modulação pode ser passageira, com a transição de um andamento para outro e o imediato retorno à métrica original, ou, ainda, pode ser definitiva, caso em que se assume o novo andamento até o final da música.

**Figura 2.52** – Modulação métrica por aceleração

Já na Figura 2.53, temos um exemplo de modulação métrica por desaceleração, em que ocorre o contrário do exposto na Figura 2.52: a melodia inicia com um valor de pulsação igual a 120 BPM em compasso ternário e, a partir do sexto compasso, reduz para 80 BPM, em razão da quiáltera de dois presente no compasso anterior (quinto compasso), que faz uma "quebra" na métrica com uma sobreposição rítmica de dois para três.

**Figura 2.53** – Modulação métrica por desaceleração

Nas Figuras 2.54 e 2.55, há mais dois exemplos de modulação métrica por aceleração, sendo o primeiro em compasso binário simples (2 por 4), com a mudança de 100 BPM para 150 BPM, e o segundo em compasso binário composto (6 por 8), com a modulação de 80 BPM para 120 BPM.

**Figura 2.54** – Modulação métrica em compasso simples

**Figura 2.55** – Modulação métrica em compasso composto

Observe que, nos casos anteriores, não há mudança de compasso, apenas do valor de duração das pulsações, pois são ilustrações musicais de quando se efetiva a sobreposição rítmica por meio das quiálteras (tercinas, duínas, sextinas etc.). Esperamos que, com as ilustrações e explicações dadas, os conteúdos referentes à percepção rítmica trabalhados neste capítulo tenham sido suficientemente esclarecidos.

**Resumo da ópera**

Neste capítulo, abordamos a percepção rítmica em compassos compostos e irregulares. Primeiramente, vimos como identificar e perceber os compassos compostos, os quais têm em sua estrutura básica a divisão de sua figura de pulsação por três. Exemplificamos algumas fórmulas desse tipo de compasso, a fim de ilustrar alguns dos mais utilizados, tendo sido apresentada, ainda, uma breve definição de unidade de tempo (U.T.) e de unidade de compasso (U.C.). Em seguida, demonstramos como diversas figuras rítmicas podem ser dispostas em compassos compostos: binários, ternários e quaternários, preenchidos por colcheias e semicolcheias, semibreves, mínimas e semínimas.

Na sequência, examinamos exemplos do uso de ligaduras de prolongamento em compassos compostos. Também apresentamos modelos correspondentes aos trechos com ligadura pela substituição desta por outras figuras rítmicas ou pelo uso do ponto de aumento para prolongamento do som da nota. Observamos que é preciso cautela no uso das ligaduras, pois, em muitos casos, elas podem dificultar a leitura da divisão rítmica.

Adiante, trabalhamos com os compassos irregulares, que têm como característica principal a mistura de diferentes compassos, o que resulta em uma acentuação métrica não regular. Os exemplos apresentados buscaram ilustrar a composição da estrutura desse tipo de compasso, com destaque para a alternância de acentuações que precisa ser incorporada pelo intérprete para a execução musical.

Por fim, tratamos das mudanças de compasso e das modulações métricas que podem ocorrer em uma música. Os exemplos serviram de base para as explicações e, por conseguinte, para um melhor entendimento desses recursos musicais, utilizados por diversos compositores e caracterizados por modificações no andamento e na métrica musicais, seja pela mudança da fórmula de compasso no meio da música, seja pela alteração da velocidade (andamento).

 ## Só as melhores

Podemos citar inúmeras músicas que apresentam compassos compostos, alternados ou mudança de compasso em seu decorrer. Confira a lista a seguir e procure ouvir e analisar cada exemplo.

- **Compasso binário composto**

EARTH, WIND & FIRE. **Be Ever Wonderful**. 23 ago. 2013. Disponível em: <https://www.youtube.com/watch?v=WLsnFQvxw3I>. Acesso em: 7 jan. 2022.

ZÉ RAMALHO. **Chão de giz**. 3 out. 2019. Disponível em: <https://www.youtube.com/watch?v=Mxo3TReNuPg>. Acesso em: 7 jan. 2022.

- **Compasso ternário composto**

BACH, J. S. **Jesus, alegria dos homens**. Intérprete: Orquestra Sinfônica do Estado de São Paulo. 23 dez. 2020. Disponível em: <https://www.youtube.com/watch?v=WKaOT74aytk>. Acesso em: 7 jan. 2022.

BUARQUE, C. **João e Maria**. Disponível em: <https://www.youtube.com/watch?v=agH2bBnNUCs>. Acesso em: 7 jan. 2022.

- **Compasso quaternário composto**

PRESLEY, E. **Can't Help Falling in Love**. 23 abr. 2013. Disponível em: <https://www.youtube.com/watch?v=vGJTaP6anOU>. Acesso em: 7 jan. 2022.

QUEEN. **Somebody to Love**. 2 jul. 2009. Disponível em: <https://www.youtube.com/watch?v=v8L3TCXsyX4>. Acesso em: 7 jan. 2022.

TRIBALISTAS. **Velha infância**. 16 mar. 2019. Disponível em: <https://www.youtube.com/watch?v=dQjO0zo12Go>. Acesso em: 7 jan. 2022.

- **Compasso irregular**

- 7/4:

PINK FLOYD. **Money**. Disponível em: <https://www.youtube.com/watch?v=-0kcet4aPpQ>. Acesso em: 7 jan. 2022.

- 5/8 e 8/8 (mudança de compasso):

PINK FLOYD. **Mother**. Disponível em: <https://www.youtube.com/watch?v=IX3uCuFKIqw>. Acesso em: 7 jan. 2022.

- 5/8:

AKEBOSHI. **Wind**. 4 maio 2012. Disponível em: <https://www.youtube.com/watch?v=SaaRwKIcNaA>. Acesso em: 7 jan. 2022.

- 5/4:

BRUBECK, D. **Take Five**. 18 fev. 2017. Disponível em: <https://www.youtube.com/watch?v=ryA6eHZNnXY>. Acesso em: 7 jan. 2022.

- **Mudança de compasso**

- Compassos 4/4, 7/4 e 6/8:

SCHIEFER, T. **Rays on the Water**. 17 out. 2015. Disponível em: <https://www.youtube.com/watch?v=co80v_tXUEk>. Acesso em: 7 jan. 2022.

- Compassos 4/4, 7/8, 3/4, 6/8, 13/16, 15/16, 17/16, 7/16, 6/16, 9/8, 10/16, 5/4, 6/4, 14/16, 18/16, 12/16, 11/8, 5/16, 12/8:

DREAM THEATER. **The Dance of Eternity**. 8 abr. 2017. Disponível em: <https://www.youtube.com/watch?v=eYCYGpu0OxM>. Acesso em: 7 jan. 2022.

##  Teste de som

1. Os compassos compostos são aqueles nos quais as pulsações têm sua primeira subdivisão natural em:
   a) duas partes iguais de tempo.
   b) três partes iguais de tempo.
   c) quatro partes iguais de tempo.
   d) cinco partes iguais de tempo.
   e) seis partes iguais de tempo.

2. Um compasso irregular apresenta a(s) seguinte(s) característica(s):

   a) É sempre formado pela soma de dois compassos compostos.

   b) É sempre um compasso de número ímpar.

   c) Consiste na soma de dois compassos diferentes e apresenta acentuação métrica não regular.

   d) Consiste em um compasso de número ímpar com unidade de tempo composta.

   e) Consiste em um compasso de número par com acentuação métrica não regular.

3. Analise as afirmativas a seguir e marque com V as verdadeiras e com F as falsas.

   ( ) Uma mudança de compasso envolve alteração métrica.

   ( ) A modulação métrica acontece quando existe aceleração ou desaceleração das pulsações no meio da música.

   ( ) A mudança de compasso só é possível quando a música começa em compasso composto.

   ( ) Quando se deseja estender o valor de uma nota para além do limite do compasso, utiliza-se a ligadura de prolongamento entre os compassos.

   ( ) A unidade de tempo de um compasso composto corresponde a uma figura rítmica simples.

   Agora, marque a alternativa que apresenta a sequência correta:

   a) V, V, F, V, F.

   b) F, F, V, V, F.

   c) V, V, F, F, V.

   d) F, V, F, V, F.

   e) V, F, V, F, V.

4. Assinale a alternativa que indica a fórmula de compasso do trecho a seguir:

**Figura 2A**

a) Quaternário composto: 12/4.

b) Binário composto: 6/8.

c) Quaternário composto: 12/8.

d) Ternário composto: 9/4.

e) Binário composto: 6/4.

5. Assinale a alternativa que indica a fórmula de compasso do trecho a seguir:

**Figura 2B**

a) Compasso 5/4.

b) Compasso 5/8.

c) Compasso 7/8.

d) Compasso 7/4.

e) Compasso 10/8.

**Treinando o repertório**

## Pensando na melodia

1. Reflita acerca de seu nível de percepção rítmica e da importância de integrar as diferentes habilidades musicais no estudo: leitura e escrita musical; percepção auditiva, que engloba a percepção dos diferentes tipos de compasso e da duração de figuras musicais e acentuações métricas; e capacidade de reprodução de determinado ritmo. Quais estratégias você utilizaria para aprimorar essa percepção?

2. Reflita sobre suas habilidades que você considera mais avançadas no estudo musical. Se tem maior facilidade em tocar de ouvido, de que modo você pode treinar mais a leitura e a escrita musical? Considera importante desenvolvê-las também? Se tem maior facilidade com o uso da partitura, pela leitura musical, de que forma você pode aprimorar mais sua percepção auditiva?

## Som na caixa

1. Identifique os conteúdos vistos neste capítulo em músicas que você conhece. Use os áudios como referência para treinar a percepção de compassos compostos e irregulares. Em seguida, faça uma lista dessas músicas e anote suas fórmulas de compasso.

2. Pesquise exemplos de músicas em que há mudança de compasso ou modulação métrica. Procure perceber qual foi a mudança ocorrida e registre sua resposta por escrito.

# Capítulo 3

# PERCEPÇÃO DE INTERVALOS HARMÔNICOS

Um intervalo musical consiste na diferença de altura entre dois sons diferentes (Med, 1996). Quando o intervalo é melódico, escutamos um som após o outro, por movimento ascendente ou descendente das notas musicais. Já quando o intervalo é harmônico, escutamos duas notas soando juntas. A habilidade de identificar o intervalo harmônico pressupõe o conhecimento e a percepção musical dos intervalos melódicos. Para que o músico se torne hábil em compreender e reconhecer estruturas harmônicas na música, a habilidade de identificar os intervalos harmônicos é fundamental.

Portanto, neste capítulo, vamos abordar a escrita e a percepção de intervalos harmônicos (da segunda à sétima) e intervalos compostos, com o objetivo de praticar e refinar essas competências. A percepção harmônica começa pela percepção de duas notas soando juntas e estende-se à capacidade de dissociar tais sons e reconhecer cada nota individualmente. Para tanto, é preciso compreender a estrutura dos intervalos harmônicos e sua classificação, além de treinar a entoação vocal dos sons detectados nos intervalos musicais.

## 3.1 Estrutura dos intervalos

O entendimento dos intervalos requer a compreensão de sua estrutura e classificação. Um **intervalo** pode ser categorizado quali e quantitativamente como simples ou composto, ascendente ou descendente, melódico ou harmônico. As **melodias** correspondem a relações intervalares sucessivas entre as notas musicais, as quais são tocadas uma após a outra. Já a **harmonia musical**, composta por diferentes acordes, caracteriza-se por relações intervalares de notas que soam simultaneamente, isto é, tocadas ao mesmo tempo, resultando em blocos de sons.

Assim, para que o músico seja capaz de ouvir, identificar e reproduzir sequências melódicas e harmônicas, é fundamental o treinamento auditivo dos diferentes intervalos musicais, com a visualização desses intervalos na partitura e em seu instrumento musical.

## 3.1.1 Intervalos simples

O intervalo simples é aquele que abrange uma distância menor ou igual a uma oitava entre duas notas musicais. Ele é classificado numericamente, assim como os "graus" da escala, e pode ser qualificado como menor, maior ou justo, conforme a distância de tons e semitons entre as duas notas. A seguir, no Quadro 3.1, tomamos a nota $Dó^2$ como referência e apresentamos todos os intervalos simples ascendentes formados a partir dela.

**Quadro 3.1** – Classificação e especificação dos intervalos simples

| Notas | Classificação | Distância em semitons | Especificação |
|---|---|---|---|
| $Dó^2 - Dó^2$ | Uníssono | x | x |
| Dó – Ré bemol | 2ª | 1 semitom | 2ª menor |
| Dó – Ré | 2ª | 1 tom | 2ª maior |
| Dó – Mi bemol | 3ª | 1 tom e 1 semitom | 3ª menor |
| Dó – Mi | 3ª | 2 tons | 3ª maior |
| Dó – Fá | 4ª | 2 tons e 1 semitom | 4ª justa |
| Dó – Fá# | 4ª | 3 tons | Trítono |
| Dó – Sol | 5ª | 3 tons e 1 semitom | 5ª justa |

(continua)

*(Quadro 3.1 – conclusão)*

| Notas | Classificação | Distância em semitons | Especificação |
|---|---|---|---|
| Dó – Lá bemol | 6ª | 3 tons e 2 semitons | 6ª menor |
| Dó – Lá | 6ª | 4 tons e 1 semitom | 6ª maior |
| Dó – Si bemol | 7ª | 4 tons e 2 semitons | 7ª menor |
| Dó – Si | 7ª | 5 tons e 1 semitom | 7ª maior |
| Dó $^2$ – Dó$^3$ | 8ª | 5 tons e 2 semitons | 8ª justa |

Uma maneira bastante eficaz para a percepção dos intervalos é a utilização de melodias de referência, as quais podem auxiliar na memorização auditiva de cada intervalo musical, seja ele classificado como melódico ascendente ou como descendente. Desse modo, na escuta do intervalo em questão, a associação se torna imediata pela memória musical das melodias. Esse recurso pode ser empregado igualmente no estudo dos intervalos harmônicos, pois eles também são constituídos por duas notas musicais, e é possível identificar os dois sons e cantar as notas separadamente. Essa habilidade de dissociação do intervalo harmônico é necessária para que se consiga classificá-lo.

# 3.2 Intervalos de segunda e terça

Como já mencionado, os intervalos harmônicos são aqueles formados por notas que soam simultaneamente, ou seja, notas tocadas ou cantadas ao mesmo tempo. Na sequência, examinaremos exemplos de cada intervalo.

## 3.2.1 Intervalos de segunda

Os intervalos de segunda são compostos por duas notas conjuntas na sequência da escala diatônica. Na pauta, as notas ficam separadas ligeiramente, o que facilita sua identificação. Os intervalos de segunda seguem um padrão de linhas e espaços. Se a nota-base estiver disposta em determinada linha, a outra nota estará localizada no próximo espaço. O mesmo padrão se aplica se a nota-base estiver em um espaço: a segunda nota estará localizada na próxima linha.

**Figura 3.1** – Intervalos de segunda

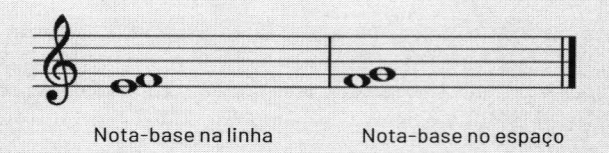

Nota-base na linha      Nota-base no espaço

Os intervalos de segunda são fáceis de se identificar pela escuta quando tocados harmonicamente, uma vez que são formados por notas muito próximas, o que culmina em dissonância. A sonoridade das segundas menores harmônicas tem uma dissonância um pouco mais forte em comparação às segundas maiores, em razão da maior proximidade entre as notas, o que gera maior atrito dos sons. No piano, duas teclas brancas lado a lado têm a distância de um tom e representam intervalos de segunda maior, com exceção de Mi-Fá e Si-Dó, cuja distância é de um semitom. As segundas menores são constituídas por uma tecla branca e outra preta, localizada acima ou abaixo da nota-base, ou vice-versa. Vamos aos exemplos?

**Figura 3.2** – Intervalos de segunda maior e menor no piano

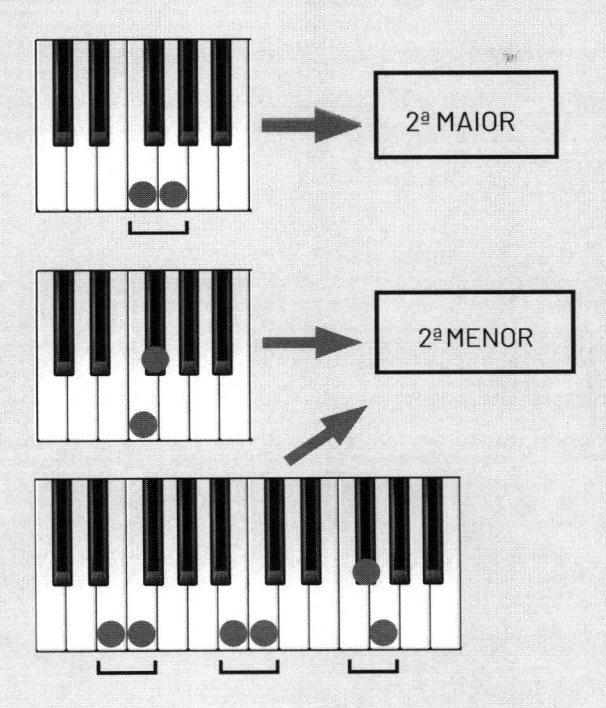

O intervalo de **segunda maior** se caracteriza pela distância de um tom entre as duas notas que o compõem, enquanto o intervalo de **segunda menor**, pela distância de um semitom entre as notas, ou seja, a menor distância entre duas notas.

## 3.2.2 Intervalos de terça

Os intervalos de terça apresentam duas notas que têm o espaço entre elas ocupado por outra nota na sequência da escala diatônica. Na pauta, esse intervalo é grafado com as duas notas em linhas afastadas por um espaço ou, ainda, em dois espaços separados por uma linha. Veja os exemplos a seguir.

**Figura 3.3** – Intervalos de terça

Linha      Linha      Espaço      Espaço

 **Em alto e bom som**

Como já mencionado, a fim de que seja possível identificar os intervalos harmônicos pela escuta, é preciso ter guardado na memória como cada um soa melodicamente. Para tanto, a partir do intervalo harmônico ouvido, pode-se separar as duas notas mentalmente e tentar cantá-las.

A terça pode ser classificada como maior ou menor. O intervalo de **terça maior** se caracteriza pela distância de dois tons entre as duas notas que o compõem, ao passo que o intervalo de **terça menor** é constituído por duas notas com a distância de um tom e um semitom entre elas. No piano, as terças podem ser geradas por duas teclas brancas com outra branca no meio, uma tecla branca e outra preta e, ainda, duas teclas pretas. Observe alguns exemplos a seguir.

**Figura 3.4** – Intervalos de terça maior no piano

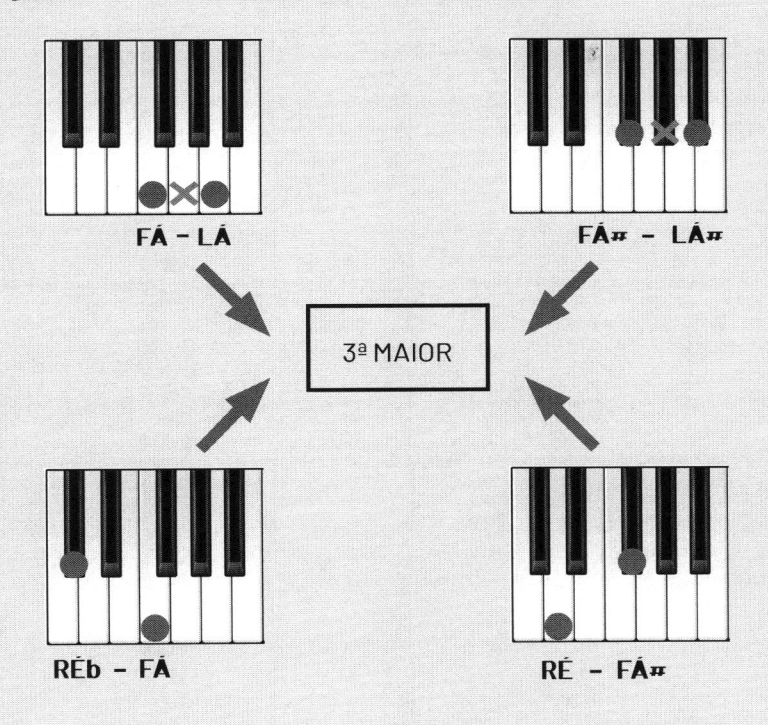

**Figura 3.5** – Intervalos de terça menor no piano

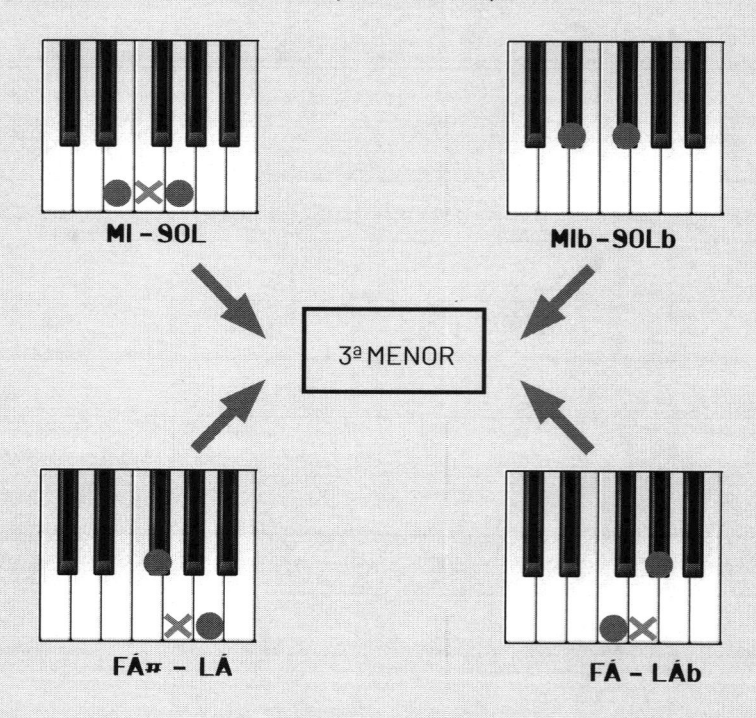

## 3.3 Intervalos de quarta, quinta e oitava

Os intervalos de quarta, quinta e oitava são classificados como **intervalos justos** e de consonância perfeita, ou seja, com sono-ridade considerada estável, produzindo, assim, uma sensação de repouso. Quando esses intervalos são invertidos, não mudam sua classificação – continuam a ser intervalos justos. Por isso, não há quarta, quinta e oitava maiores ou menores. Quando o intervalo é aumentado ou reduzido, porém se mantendo a distância numérica, é classificado como **aumentado** ou **diminuto**.

## 3.3.1 Intervalos de quarta

Os intervalos de quarta são aqueles separados por duas notas na escala diatônica. Na pauta, se a nota-base estiver posicionada numa linha, a outra nota estará no segundo espaço acima desta. Desse modo, haverá uma linha e um espaço vazios entre as duas notas desse intervalo. Observe dois exemplos de intervalos de quarta com diferentes classificações.

**Figura 3.6** – Intervalos de quarta

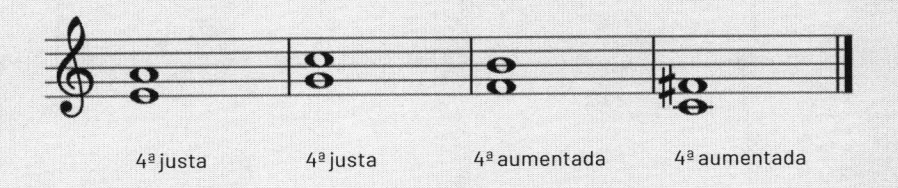

4ª justa          4ª justa          4ª aumentada          4ª aumentada

Na Figura 3.6, há dois tipos de intervalo de quarta. A **quarta justa** é formada por duas notas com a distância de dois tons e um semitom entre elas, ao passo que a **quarta aumentada** é constituída por duas notas cuja distância é de três tons. Conhecida também como *intervalo do trítono*, a quarta aumentada tem a mesma sonoridade do intervalo de quinta diminuta; a diferença está em como nomear e registrar suas notas na pauta. A **quarta diminuta** é menos comum, pois corresponde ao intervalo de terça maior.

**Figura 3.7** – Intervalos de quarta justa no piano

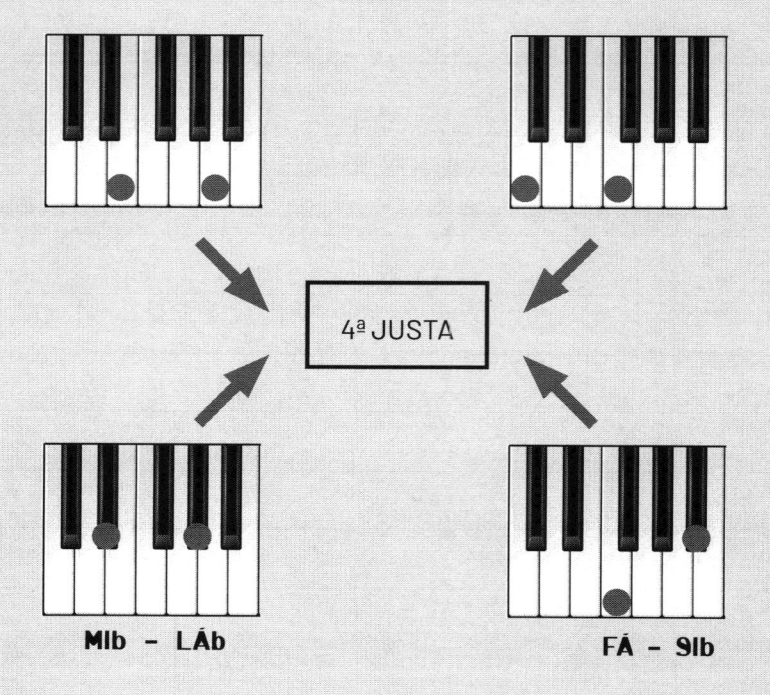

**Figura 3.8** – Intervalos de quarta aumentada no piano

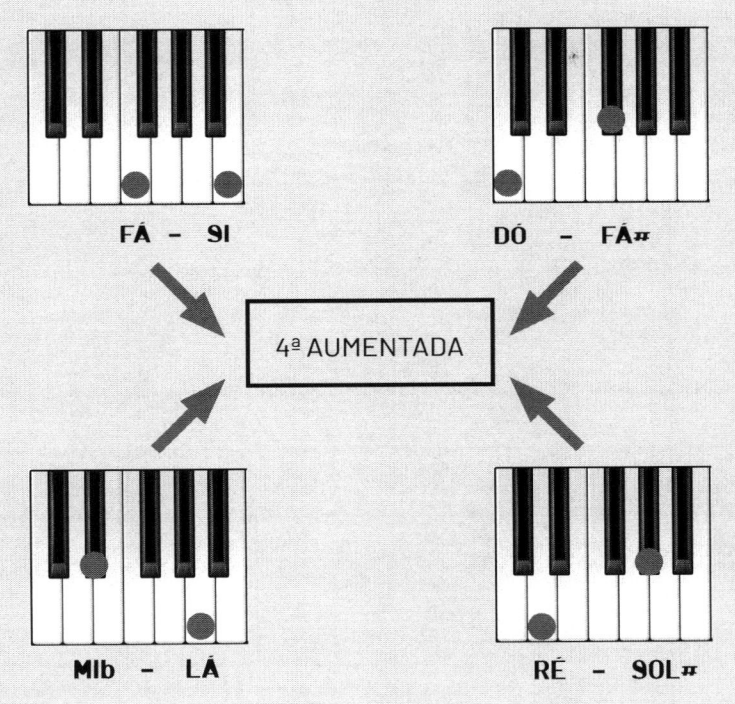

FÁ – SI          DÓ – FÁ#

4ª AUMENTADA

MIb – LÁ          RÉ – SOL#

## 3.3.2 Intervalos de quinta

Os intervalos de quinta são compostos por duas notas separadas por outras três na escala diatônica. As notas que os configuram seguem um padrão: linha-linha (separadas por outra linha) ou espaço-espaço (separadas por outro espaço), o que permite que sua visualização seja automática após seu aprendizado. O intervalo de quinta pode ser justo, diminuto ou aumentado.

A **quinta justa** é composta por duas notas cuja distância é de três tons e um semitom, conforme pode ser observado no primeiro exemplo da Figura 3.9. No piano, a única quinta formada por teclas brancas e que não é justa é a quinta com as notas Si-Fá, que corresponde a uma quinta diminuta (terceiro exemplo da Figura 3.9). A **quinta diminuta** é constituída por duas notas cuja distância é de três tons e corresponde ao trítono. Por fim, a **quinta aumentada** apresenta duas notas separadas por quatro tons e equivale à sonoridade da sexta menor.

**Figura 3.9** – Intervalos de quinta

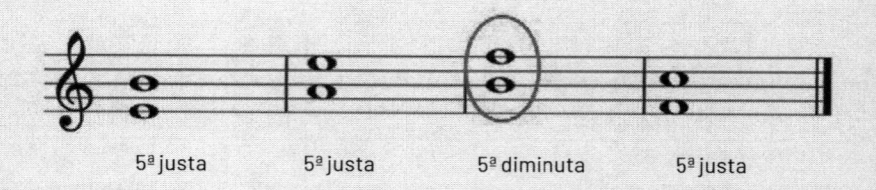

**Figura 3.10** – Intervalos de quinta justa no piano

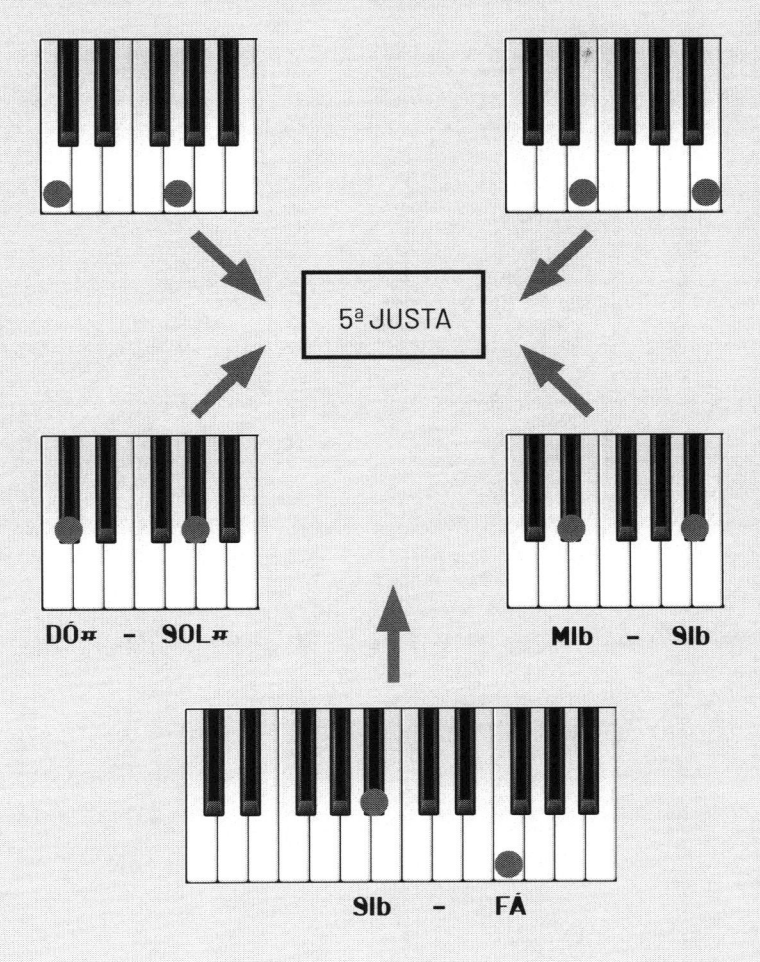

### 3.3.3 Intervalos de oitava

Os intervalos de **oitava justa** são produzidos por duas notas iguais em regiões de alturas diferentes, isto é, a segunda nota é a repetição da primeira no grave ou no agudo, com cinco tons e dois semitons de distância entre suas notas. Se a nota-base estiver numa linha, a outra se localizará em um espaço. Veja o exemplo.

**Figura 3.11** – Intervalos de oitava

Seis tons não formam uma oitava, pois o resultado seria um intervalo de sétima aumentada, como pode ser observado na ilustração a seguir.

**Figura 3.12** – Relação intervalar entre seis tons inteiros

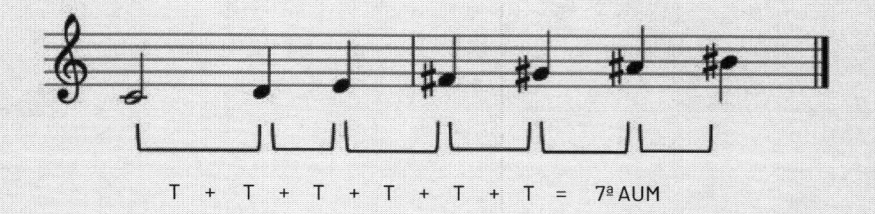

**Figura 3.13** – Intervalos de oitava justa no piano

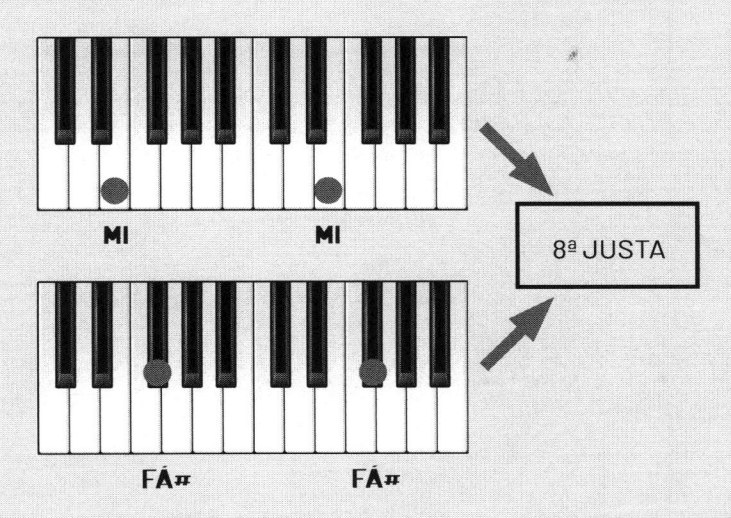

# 3.4 Intervalos de sexta e sétima

Os intervalos de sexta e sétima têm distância equivalente a saltos de quatro e cinco notas da escala diatônica, respectivamente. Na sequência, veremos a configuração das sextas e das sétimas, maiores e menores.

## 3.4.1 Intervalos de sexta

Os intervalos de sexta são considerados consonâncias imperfeitas, assim como os intervalos de terça. São constituídos por duas notas separadas por quatro notas da escala diatônica. As **sextas maiores** são caracterizadas pela distância de quatro tons e um semitom, enquanto as **sextas menores**, pela distância de três tons e dois semitons, como poder ser visualizado na Figura 3.14.

**Figura 3.14** – Intervalos de sexta: maior e menor

6ª menor  6ª menor  6ª maior  6ª maior

Intervalo de 5ª justa + 1 semitom = 6ª menor

Intervalo de 5ª justa + 1 tom = 6ª maior

Quatro tons não formam uma sexta menor, e sim uma quinta aumentada.

**Figura 3.15** – Relação intervalar entre quatro tons inteiros

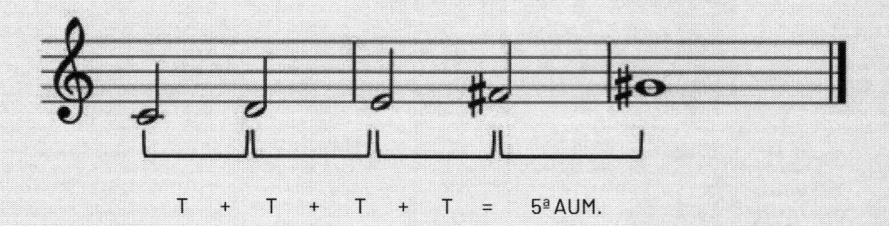

T + T + T + T = 5ª AUM.

**Figura 3.16** – Intervalos de sexta maior no piano

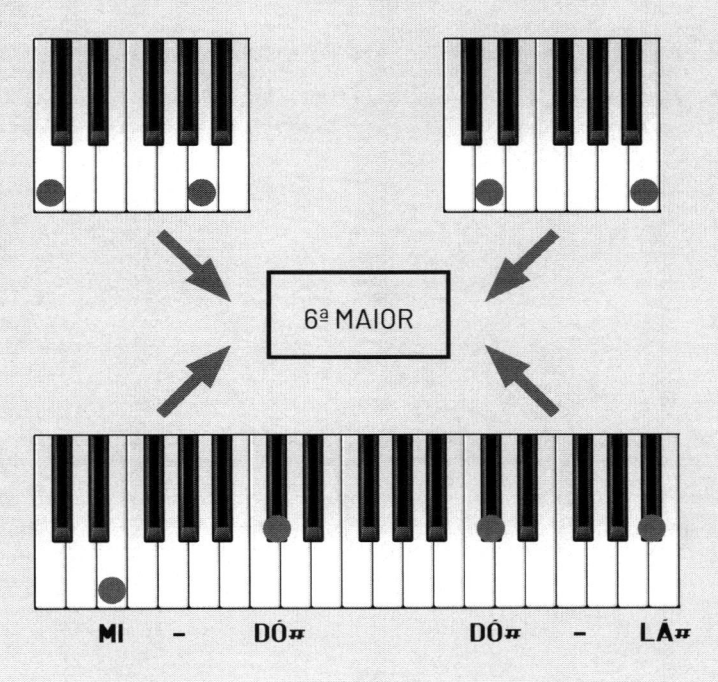

**Figura 3.17** – Intervalos de sexta menor no piano

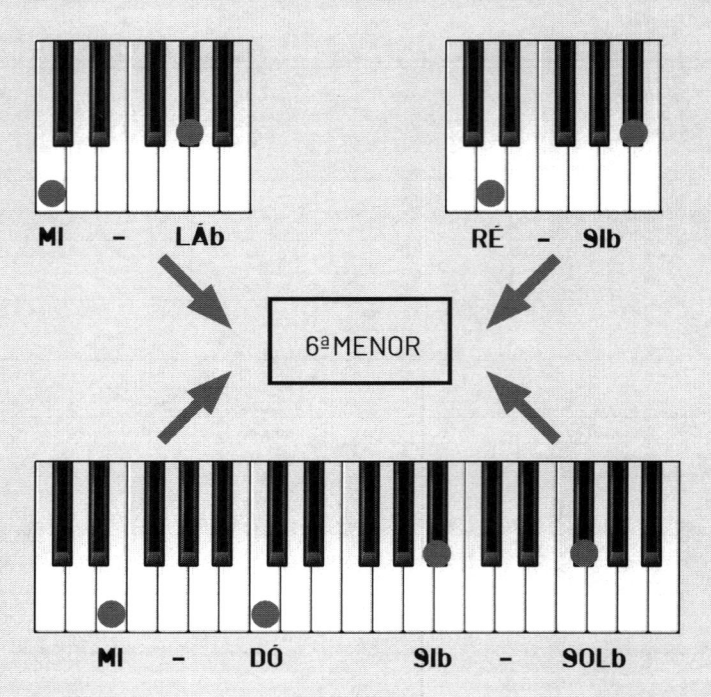

## 3.4.2 Intervalos de sétima

Os intervalos de sétima apresentam duas notas separadas por outras cinco na escala diatônica. Na pauta, as sétimas seguem um padrão de linha-linha ou espaço-espaço. Como ilustra a Figura 3.18, quando as notas estão na linha, ficam separadas por outras duas linhas e, quando estão no espaço, por dois espaços. São intervalos dissonantes, sendo a sétima maior concebida como uma dissonância forte e a sétima menor como uma dissonância suave. A **sétima maior** é formada pela distância de cinco tons e um semitom, e a **sétima menor**, pela distância de quatro tons e dois semitons.

**Figura 3.18** – Intervalos de sétima

| 7ª menor | 7ª menor | 7ª menor | 7ª maior |

> Intervalo de 6ª maior + 1 semitom = 7ª menor
>
> Intervalo de 6ª maior + 1 tom = 7ª maior

Cinco tons não geram uma sétima menor, e sim uma sexta aumentada.

**Figura 3.19** – Relação intervalar entre cinco tons inteiros

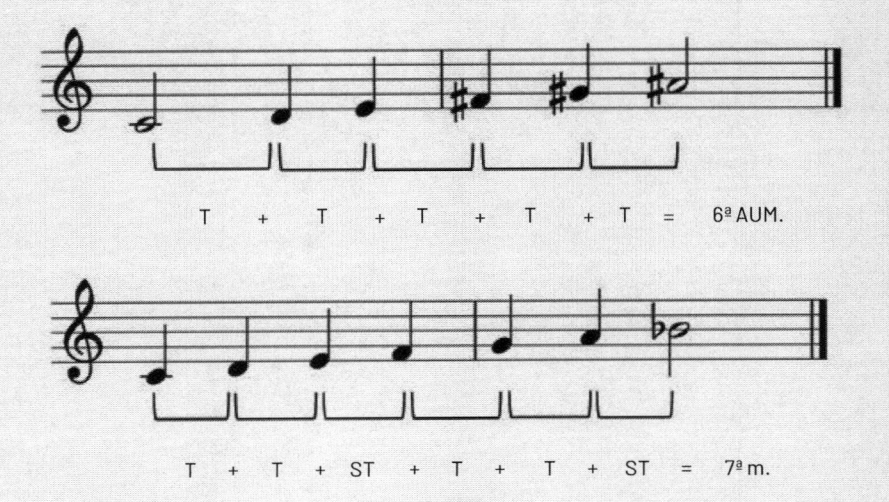

T + T + T + T + T = 6ª AUM.

T + T + ST + T + T + ST = 7ª m.

**Figura 3.20** – Intervalos de sétima maior no piano

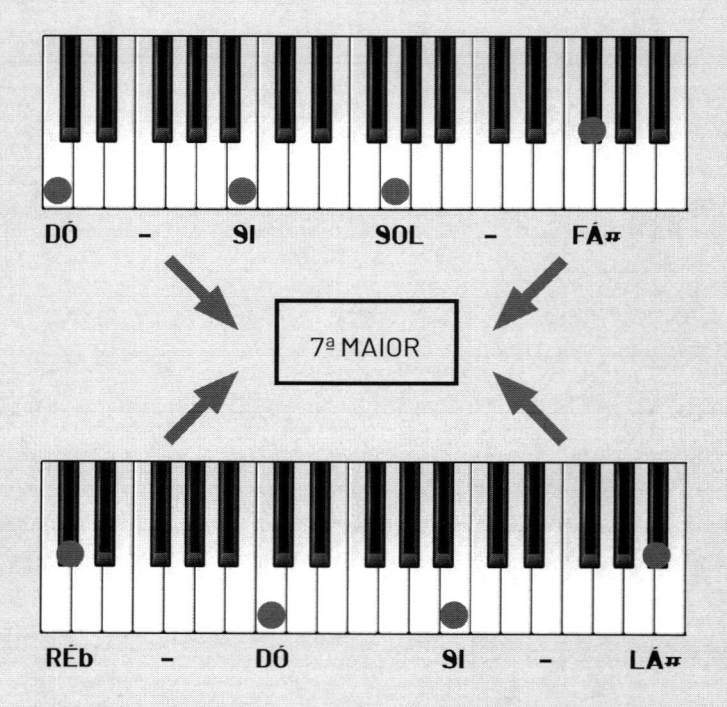

**Figura 3.21** – Intervalos de sétima menor no piano

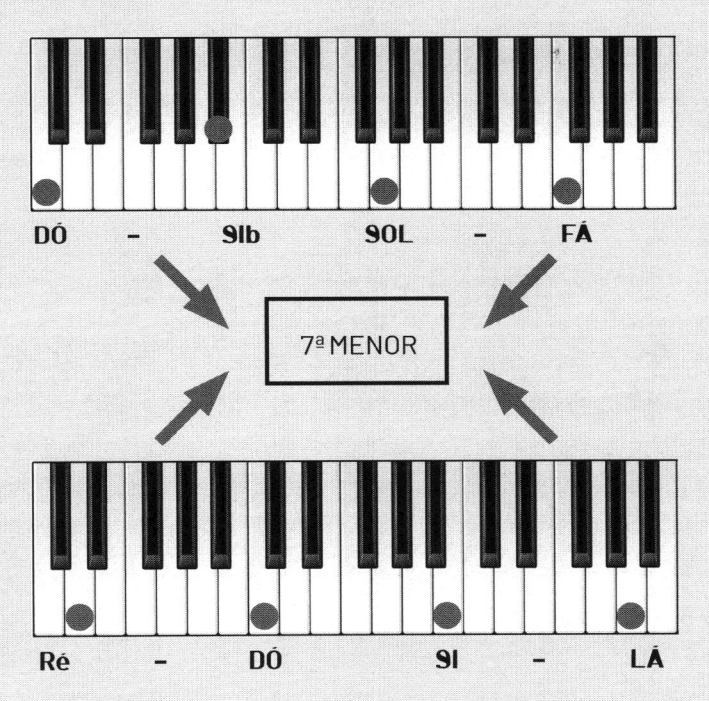

### Em alto e bom som

Para memorizar a classificação numérica dos intervalos por meio da identificação visual, lembre-se de que:

- Os intervalos de segunda, quarta, sexta e oitava seguem um padrão de escrita linha-espaço ou espaço-linha, o que significa que, se uma das notas estiver numa linha, a outra obrigatoriamente será grafada num espaço, e vice-versa.

- Os intervalos de terça, quinta e sétima seguem um padrão de escrita linha-linha ou espaço-espaço, o que significa que, se uma nota estiver numa linha, a outra obrigatoriamente também será grafada numa linha, assim como, se estiver num espaço, a outra também estará.

# 3.5 Intervalos compostos

Vimos anteriormente que os intervalos simples são aqueles que não ultrapassam o limite de uma oitava. Segundo Med (1996, p. 75, grifo nosso), "intervalos compostos são os que **ultrapassam** o limite da oitava". Ao se acrescentar uma ou mais oitavas a um intervalo simples, forma-se um intervalo composto. Portanto, cada intervalo simples tem um intervalo composto correspondente, e vice-versa. Dessa forma, é possível nominar os intervalos compostos realizando-se a contagem a partir dos intervalos simples. Confira o exemplo adiante.

**Figura 3.22** – Intervalo simples de segunda menor

Para encontrar o intervalo composto correspondente e quantificá-lo, é preciso somar o intervalo simples ao número 7 ou a seus múltiplos, conforme a oitava em que o intervalo composto está. Observe a ilustração do intervalo de segunda menor.

**Figura 3.23** – Intervalo composto

O intervalo correspondente é de uma nona menor, resultante da seguinte fórmula: **2 (intervalo de 2ª menor) + 7 = 9ª menor**. Perceba que a classificação menor do intervalo de segunda não foi alterada ao encontrarmos o intervalo composto correspondente. Essa regra se mantém em todas as conversões de intervalos simples para compostos, e vice-versa.

O oposto vale para encontrarmos os intervalos simples a partir de um intervalo composto. Por exemplo, se tivermos um intervalo composto de 13ª maior e quisermos encontrar o intervalo simples correspondente, devemos subtrair o número 7 do intervalo de 13ª maior: **13 (intervalo composto de 13ª maior) – 7 = 6ª maior** (Figura 3.24).

**Figura 3.24** – Intervalo composto e intervalo simples correspondente

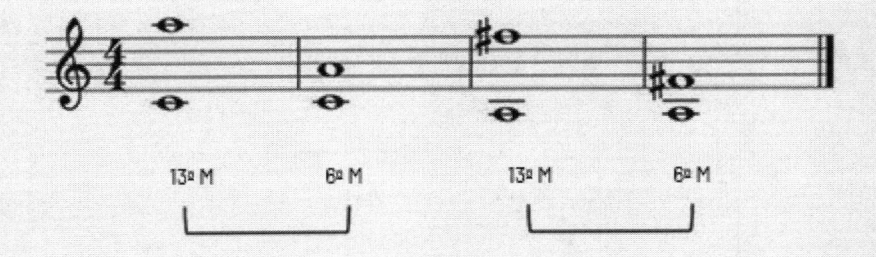

Se o intervalo composto for muito extenso, será necessário encontrar o múltiplo de 7 mais próximo e, então, proceder à subtração. Por exemplo, 27ª > (27 – 21) = 6. O intervalo simples correspondente ao de 27ª é, portanto, o intervalo de 6ª.

## Se ligue na batida!

Para identificar um intervalo composto pela escuta, é preciso desenvolver a habilidade de cantar a nota mais aguda uma oitava abaixo; desse modo, será possível encontrar o intervalo simples correspondente. Para tanto, treine a percepção por meio da escuta e da análise de diferentes intervalos compostos e seus correspondentes.

A seguir, veja alguns exemplos de intervalos compostos.

**Figura 3.25** – Intervalos compostos a partir da nota Dó

Agora, observe os mesmos intervalos da Figura 3.25 escritos de maneira harmônica e em claves diferentes. Procure tocar e/ou cantar esses intervalos.

**Figura 3.26** – Intervalos harmônicos compostos

Como explicado, todo intervalo composto tem um intervalo simples correspondente. Confira adiante os intervalos correspondentes aos dos exemplos apresentados.

**Quadro 3.2** – Correspondência entre intervalos compostos e simples

| Intervalo composto | Intervalo simples |
|---|---|
| Nona (9ª) | Segunda (2ª) |
| Décima (10ª) | Terça (3ª) |
| Décima primeira (11ª) | Quarta (4ª) |
| Décima segunda (12ª) | Quinta (5ª) |
| Décima terceira (13ª) | Sexta (6ª) |
| Décima quarta (14ª) | Sétima (7ª) |
| Décima quinta (15ª) | Oitava (8ª) |

Quanto mais contato prático você tiver com os intervalos compostos, mais automática será a tarefa de encontrar os intervalos simples correspondentes. Por esse motivo, é muito importante colocá-los em prática. Mesmo que seu instrumento não seja o piano, procure tocá-los em um teclado, físico ou virtual, pois esse instrumento facilita o entendimento visual dos intervalos e sua classificação qualitativa, por meio da contagem de tons e semitons.

**Resumo da ópera**

No decorrer deste capítulo, comentamos exemplos de diferentes intervalos harmônicos, sua classificação e sua identificação na pauta, bem como intervalos compostos e dicas para o estudo da percepção auditiva melódica. Fizemos uma breve introdução à estrutura dos intervalos, especialmente os intervalos simples, com a apresentação de um quadro com sua classificação e especificação.

Depois, tratamos dos intervalos harmônicos de segunda e terça; quarta, quinta e oitava; e sexta e sétima. Para o estudo dos intervalos harmônicos, buscamos ressaltar o padrão de escrita de cada um deles na pauta e, também, examinar exemplos ilustrados em diagramas de teclado de piano, com o objetivo de facilitar o entendimento visual e a formação de cada intervalo. Cabe destacar que o piano é um instrumento que facilita o estudo da harmonia, em razão da disposição horizontal das notas, permitindo a análise da relação intervalar entre as notas, com a percepção de tons e semitons contidos nos intervalos.

Por fim, versamos sobre os intervalos compostos, isto é, aqueles que ultrapassam o limite de uma oitava. Concluímos que sua rápida identificação requer o encontro dos intervalos simples correspondentes. Essa desenvoltura serve tanto para a percepção visual dos intervalos compostos na partitura quanto para o estudo e o treinamento auditivo deles.

A prática deve estar associada ao estudo teórico musical, a fim de que o desenvolvimento das habilidades necessárias para a percepção musical como um todo ocorra de maneira satisfatória.

**Teste de som**

1. Analise os intervalos harmônicos simples grafados na pauta a seguir e, depois, assinale a alternativa que os classifica corretamente:

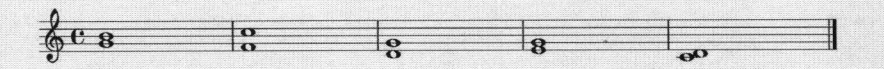

   a) 3ª m – 5ª J – 4ª J – 3ª M – 2ª M.

   b) 3ª M – 5ª J – 4ª aum. – 3ª m – 2ª m.

   c) 3ª M – 5ª J – 4ª J – 3ª m – 2ª M.

   d) 3ª m – 5ª dim. – 4ª J – 3ª m – 2ª M.

   e) 3ª M – 5ª J – 4ª J – 3ª M – 2ª m.

2. Assim como no primeiro exercício, analise os intervalos harmônicos a seguir e, depois, assinale a alternativa correta, conforme sua classificação:

   a) 7ª m – 6ª m – 8ª J – 6ª M – 7ª M.

   b) 7ª m – 6ª M – 8ª J – 6ª m – 7ª M.

   c) 7ª M – 6ª m – 8ª J – 6ª m – 7ª M.

   d) 7ª m – 6ª m – 8ª J – 6ª m – 7ª m.

   e) 7ª M – 6ª M – 8ª J – 6ª M – 7ª m.

3. Analise as afirmativas a seguir e marque com V as verdadeiras e com F as falsas.

( ) Terças, quintas e sétimas são intervalos que seguem um padrão gráfico de linha-linha ou espaço-espaço no pentagrama.

( ) Se a nota-base dos intervalos de segunda, quarta, sexta e oitava estiver num espaço, a outra nota obrigatoriamente estará grafada numa linha.

( ) Os intervalos de quarta, quinta e oitava justas são consonâncias perfeitas, pois sua sonoridade é considerada estável e capaz de produzir uma sensação de repouso.

( ) Os intervalos de segunda e sétima são considerados consonâncias imperfeitas, pois, ao serem invertidos, mudam de classificação.

( ) Os intervalos de terça e sexta são dissonantes do ponto de vista tradicional.

Agora, assinale a alternativa que apresenta a sequência correta:

a) V, V, V, F, F.

b) F, V, F, F, F.

c) V, F, V, V, F.

d) F, V, V, V, V.

e) V, F, V, F, V.

4. Analise os intervalos compostos a seguir e, depois, assinale a alternativa que os classifica corretamente:

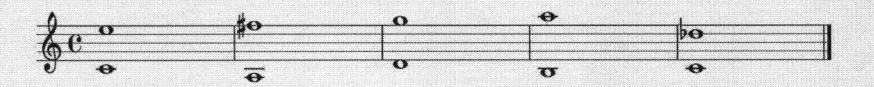

a) 10ª M – 15ª M – 11ª J – 14ª m – 9ª m.

b) 10ª m – 15ª M – 11ª J – 14ª m – 9ª m.

c) 10ª M – 16ª M – 11ª m – 14ª M – 9ª m.

d) 10ª M – 13ª M – 11ª J – 14ª m – 9ª m.

e) 10ª m – 13ª M – 11ª J – 14ª M – 9ª m.

5. Assinale a alternativa que apresenta os intervalos simples correspondentes aos intervalos compostos do exercício anterior:

a) 3ª M – 6ª M – 4ª J – 7ª m – 2ª m.

b) 3ª m – 6ª M – 4ª J – 7ª M – 2ª m.

c) 3ª M – 6ª M – 4ª J – 7ªM – 2ª m.

d) 3ª m – 6ª m – 4ª J – 7ª m – 2ª m.

e) 3ª M – 6ª m – 4ª J – 7ª M – 2ª m.

 **Treinando o repertório**

## Pensando na melodia

1. Você já atentou para a importância do estudo dos intervalos harmônicos para um melhor entendimento da harmonia? Reflita sobre os principais objetivos do estudo dos intervalos musicais e a forma como você pode aplicá-los em sua prática musical.

2. Quais intervalos você apresenta maior dificuldade para identificar na escuta? E com quais você tem maior facilidade? Você acredita que estudar sobre a formação dos intervalos pode ajudá-lo(a)? Reflita sobre as estratégias para aprimorar sua percepção dos intervalos musicais.

## Som na caixa

1. Escolha uma nota de base para formar os seguintes intervalos harmônicos: 3ª M – 3ª m – 5ª J – 6ª M – 7ª m – 2ª M – 4ª J – 8ª J. Depois de grafá-los na pauta, procure tocá-los e/ou tente cantar as duas notas que os formam. Você também pode criar outras sequências para o estudo da percepção.

2. Se você ainda não o fez, elabore uma lista de melodias de referência para cada intervalo simples. Dessa forma, será possível associar essas melodias aos intervalos escutados durante o treinamento auditivo. Em uma pesquisa, podem ser encontradas diversas melodias adequadas para esse propósito, mas é fundamental que sejam conhecidas. Quanto mais familiar ao ouvido for a referência, mais diretas serão a associação e a identificação do intervalo.

Capítulo 4

# ESCALAS PENTATÔNICAS E MÚSICA MODAL

Neste capítulo, o objetivo é propiciar o desenvolvimento das habilidades de escrita e percepção de escalas pentatônicas e da música modal. As escalas pentatônicas são formadas por cinco notas, cuja sonoridade é muito peculiar e de fácil identificação. A música do Extremo Oriente, do continente africano e dos índios estadunidenses tem uma forte tendência a utilizar esse tipo de escala em suas melodias.

Primeiramente, veremos como formar e identificar as pentatônicas maiores e menores. Em seguida, enfocaremos os modos litúrgicos, também chamados de *escalas antigas* ou *modos eclesiásticos*. Essas escalas modais receberam nomes gregos, pois se acreditava que correspondiam aos antigos modos da Grécia. Porém, mais tarde, concluiu-se, por meio de pesquisas, que os modos gregos começavam em notas diferentes dos homônimos eclesiásticos e eram considerados no sentido descendente (Med, 1996).

No contexto da música modal, existem diferentes desenhos ou modelos de escala para a criação melódica. No total, são sete modos: jônico (ou jônio), dórico, frígio, lídio, mixolídio, eólio (ou eólico) e lócrio. Os modos jônico e eólio correspondem às escalas maior e menor diatônicas naturais. Como essas escalas já são bastante conhecidas e amplamente empregadas na música ocidental, enfatizaremos os demais modos.

Na música modal, a melodia tem função mais relevante que a harmonia, e cada modo tem um intervalo característico que distingue a escala das demais. Conforme Med (1996), os modos eram utilizados na música litúrgica da Idade Média e podem ser comparados às escalas diatônicas modernas (maior e menor na forma primitiva), com uma nota diferencial entre eles. "O intervalo entre a tônica e a nota diferencial é o intervalo característico" (Med, 1996, p. 166).

# 4.1 Escalas pentatônicas

As escalas pentatônicas, como o próprio nome evidencia, são formadas por cinco notas; o prefixo *penta* simboliza essa numeração. A sexta nota da escala é a repetição da tônica por dobramento, assim como a oitava das escalas diatônicas. Para reconhecer a sonoridade dessa escala, pode-se tocar as teclas pretas de um piano ou teclado, começando-se pela primeira tecla do grupo de três pretas (pentatônica maior) ou pela primeira tecla do grupo de duas pretas (pentatônica menor).

 **Se ligue na batida:**

Segundo alguns estudiosos, a escala pentatônica foi descoberta há muito tempo pelos chineses, em aproximadamente 3000 a.C. (Menuhin; Davis, 1990).

Do ponto de vista da *performance*, são escalas fáceis de se construir e de se executar em qualquer instrumento, uma vez que têm menos notas em comparação a outras escalas. Cada pentatônica abrange diferentes formatos e aplicações, com o estado fundamental e mais quatro inversões. De acordo com Alves (1997), elas têm um grande efeito em improvisações em virtude de haver um maior espaçamento de suas notas, isto é, com intervalos mais amplos, o que proporciona uma sonoridade bastante característica ao ouvinte.

O estudo e a memorização das escalas pentatônicas possibilitam sua aplicação em diferentes acordes e estilos musicais, como *jazz*, *rock*, MPB (música popular brasileira) e *blues*. Em razão de sua fácil empregabilidade, podem servir como um momento de relaxamento durante a improvisação e a busca por novas ideias, funcionando como ponte entre trechos com uso de outras escalas mais complexas (Alves, 1997).

Na sequência, veremos as características das pentatônicas maiores e menores, assim como algumas observações, análises estruturais e aplicações na harmonia.

## 4.1.1 Escala pentatônica maior

Formada por três tons e dois intervalos de terça menor, a escala pentatônica maior tem origem na escala jônica (ou diatônica maior), consistindo na sequência de notas da escala maior, porém sem o IV e o VII graus. Permanecem a tônica, a segunda, a terça, a quinta e a sexta notas da escala, além da oitava, que é a repetição da tônica. Observe o exemplo em Dó.

**Figura 4.1** – Escala pentatônica de Dó maior

|   I   |   II   |   III   |   V   |   VI   |   I   |

Ao analisarmos o desenho da escala pentatônica maior, percebemos a seguinte relação intervalar entre a tônica e as demais notas:

Tônica – 2ª M – 3ª M – 5ª J – 6ª M

Como já mencionado, as escalas pentatônicas também podem ser invertidas. Veja o exemplo a seguir, ainda em Dó.

**Figura 4.2** – Inversões da escala pentatônica maior de Dó

Ao examinarmos as distintas inversões da pentatônica maior, constatamos que a pentatônica decorre da combinação de intervalos de segundas maiores e terças menores. Dessa forma, temos as seguintes relações intervalares em sua construção:

- **Primeira inversão ou fundamental**: tom – tom – terça menor – tom – terça menor.
- **Segunda inversão**: tom – terça menor – tom – terça menor – tom.
- **Terceira inversão**: terça menor – tom – terça menor – tom – tom.
- **Quarta inversão**: tom – terça menor – tom – tom – terça menor.
- **Quinta inversão**: terça menor – tom – tom – terça menor – tom.

Segundo Alves (1997), a escala pentatônica maior é também conhecida como *chinesa* ou *mongolesa*. É amplamente empregada no *rock* e precisa ser intercalada com outras escalas para não gerar monotonia no ouvinte. A quinta inversão da pentatônica maior corresponde à escala pentatônica menor, o que significa que uma escala pentatônica maior tem as mesmas notas de sua relativa menor, como veremos adiante.

 **Se ligue na batida!**

A escala pentatônica maior pode ser executada em diversos acordes das categorias maior, menor e dominante.

Vejamos alguns exemplos de aplicação da pentatônica maior.

**Figura 4.3** – Acordes nos quais a escala pentatônica maior pode ser aplicada

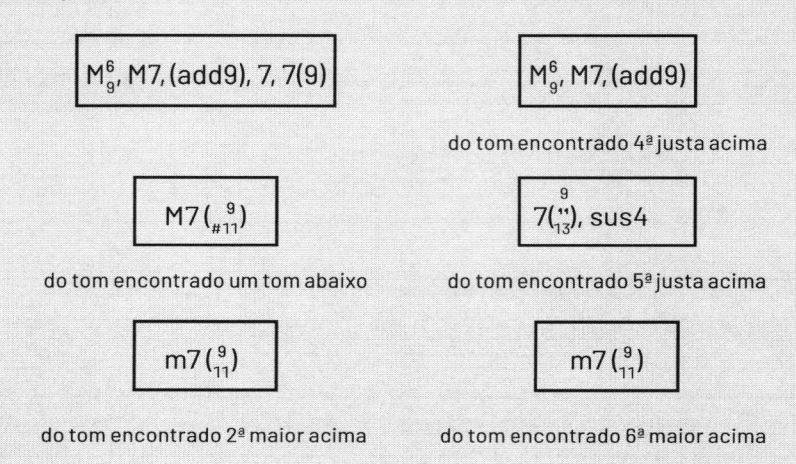

Fonte: Alves, 1997, p. 62.

Se aplicada a escala pentatônica maior nos acordes exemplificados, ocorre enriquecimento melódico e harmônico, resultante das diversas relações intervalares estabelecidas em cada contexto.

Para entender e memorizar a sonoridade das escalas pentatônicas, a melhor estratégia é escutar e analisar melodias de músicas conhecidas que podem servir de referência. Observe o exemplo da melodia inicial do primeiro movimento da *Suíte Peer Gynt n. 1, Op. 46*, de Edvard Grieg, intitulado *Morning Mood*. O compositor norueguês construiu o tema em Mi maior e utilizou a escala pentatônica maior em sua estrutura.

**Figura 4.4** – Tema inicial de *Morning Mood* – parte da *Suite Peer Gynt n. 1, Op. 46*, Edvard Grieg, 1875

Fonte: Grieg, 1875.

 **Só as melhores**

Se possível, escute a música *Morning Mood*. Trata-se de uma das obras mais conhecidas de Grieg, considerado um dos compositores mais célebres do período romântico, aclamado em seu país por ser uma figura determinante para a identidade nacional.

GRIEG, E. **Morning Mood**. Intérprete: Sinfonia de Seattle. 21 fev. 2020. Disponível em: <https://www.youtube.com/watch?v=aMs0r-NtBZJk>. Acesso em: 7 jan. 2022.

## 4.1.2 Escala pentatônica menor

Assim como a pentatônica maior, a pentatônica menor é formada por três tons e dois intervalos de terça menor. Pode ser analisada como uma pentatônica maior na quinta inversão. Ademais, consiste na sequência de notas da escala menor natural ou dórica sem o II e o VI graus. Nesse caso, permanecem a tônica, a terça, a quarta, a quinta e a sétima notas da escala, além da oitava, que é a repetição da tônica. Observe o exemplo em Dó.

**Figura 4.5** – Escala pentatônica de Dó menor

No estado fundamental (ou primeira inversão), ela apresenta a seguinte relação intervalar entre a tônica e as demais notas:

Tônica – 3ª m – 4ª J – 5ª J – 7ª m

**Figura 4.6** – Inversões da escala pentatônica menor de Dó

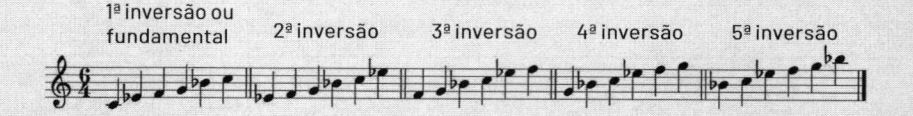

Ao analisarmos as diferentes inversões da pentatônica menor, observamos as seguintes relações intervalares em sua construção:

- **Primeira inversão ou fundamental**: terça menor – tom – tom – terça menor – tom.
- **Segunda inversão**: tom – tom – terça menor – tom – terça menor.
- **Terceira inversão**: tom – terça menor – tom – terça menor – tom.
- **Quarta inversão**: terça menor – tom – terça menor – tom – tom.
- **Quinta inversão**: tom – terça menor – tom – tom – terça menor.

Na primeira inversão, a pentatônica menor apresenta características da escala japonesa Yõ-sem e, na terceira inversão, é semelhante à escala egípcia (Alves, 1997). A escala pentatônica menor é largamente utilizada no *blues*, principalmente com a inserção de um semitom cromático ascendente após a terceira nota, a chamada *blue note*, que estabelece um intervalo de quinta diminuta ou quarta aumentada com a tônica. A escala de *blues* também é denominada *pentablues*, por conter em sua estrutura a pentatônica acrescida de uma nota. A sonoridade dessa escala é bastante característica e agradável aos ouvidos, muito útil para a improvisação.

Vejamos alguns exemplos de aplicação da pentatônica menor.

**Figura 4.7** – Acordes nos quais a escala pentatônica menor pode ser aplicada

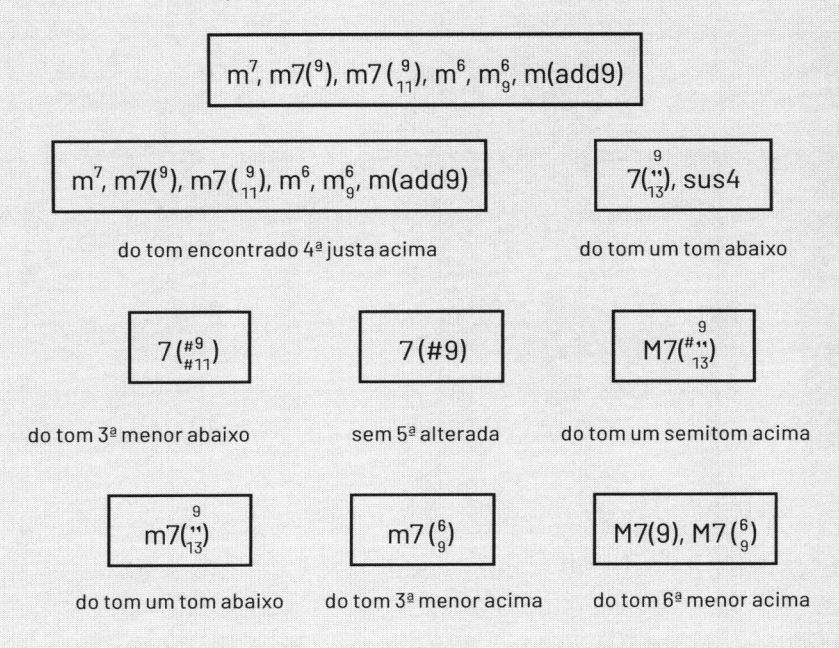

Fonte: Alves, 1997, p. 64.

Para dar início ao estudo aplicado das escalas pentatônicas, sugere-se que primeiro sejam estudadas as pentatônicas maiores com acordes maiores e acordes dominantes (V7) e as pentatônicas menores com acordes menores. Como segundo passo, pode-se aplicar determinada pentatônica num campo harmônico específico e só então aplicar as pentatônicas nos acordes mais complexos e com tensões adicionais, como os indicados por Alves (1997). Veremos alguns exemplos práticos mais adiante.

A seguir, apresentamos um trecho da melodia inicial do tema de *Hit the Road Jack*, canção de Percy Mayfield gravada no ano de 1960, mas que ficou famosa na voz de Ray Charles (1961). Esse tema melódico utiliza a escala pentatônica menor. Há outros trechos da música que recorrem à escala *pentablues*, ou seja, com a adição da quinta diminuta ou quarta aumentada à pentatônica menor, como mencionado anteriormente.

**Figura 4.8** – Tema inicial de *Hit the Road Jack*, Percy Mayfield, 1960

Fonte: Mayfield, 1961.

Perceba que a melodia foi construída na escala pentatônica de Dó menor. Ela não tem o II e o VI graus da escala de Dó menor natural. Nesse trecho específico, não aparece o Si bemol, que representa o VII grau da escala menor e a quinta nota da sequência pentatônica menor. Todavia, mais adiante, ele surge em outra frase da música, caracterizando ainda mais a escala em questão.

## 4.1.3 Exemplos aplicados em sequência de acordes

Nas seções anteriores, abordamos a formação das escalas pentatônicas maiores e menores, as melodias em que se emprega cada uma dessas escalas, bem como as categorias de acordes em que cada pentatônica pode ser aplicada. Mas, para tornar o entendimento mais concreto, nada melhor que visualizar exemplos práticos do uso da pentatônica, não é mesmo? Observe os trechos adiante, que ilustram a mesma sequência de acordes, porém o primeiro utiliza a pentatônica maior da tonalidade e o outro a pentatônica menor da tonalidade relativa (ou a quinta inversão da pentatônica maior).

**Figura 4.9** – Uso da pentatônica maior

**Figura 4.10** – Uso da pentatônica menor

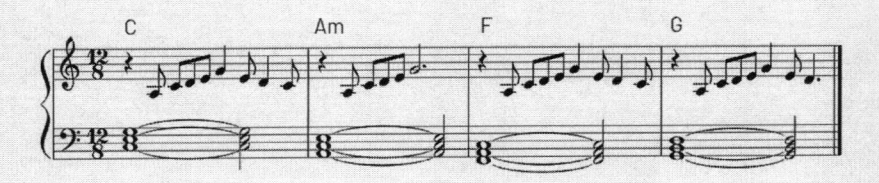

# 4.2 Escalas modais

Agora, daremos início ao estudo dos modos, que se apresentam como outra possibilidade para a criação melódica. Cada escala modal tem um desenho específico e um intervalo característico; o que diferencia um modo de outro é justamente o padrão de intervalos. Existem, no total, sete modos: três modos maiores (jônico, lídio e mixolídio), três modos menores (dórico, frígio e eólio) e um modo meio diminuto (lócrio). Os modos jônico e eólio não serão abordados neste momento, visto que correspondem às escalas diatônicas maior e menor naturais, como já destacado.

Na Idade Média, no âmbito da música sacra, os modos tinham relação apenas com as teclas brancas do teclado (pois os instrumentos eram mais limitados) e, por esse motivo, eram obrigatoriamente executados sempre na mesma tonalidade. Com o passar do tempo e com o aprimoramento dos instrumentos musicais, tornou-se possível executá-los a partir de qualquer nota (em todos os tons) (Alves, 1997).

## 4.2.1 Modo dórico

O modo dórico tem origem no II grau (menor) da escala maior diatônica; logo, é considerado um dos modos menores. Formado por cinco tons e dois semitons, apresenta a seguinte sequência entre suas notas:

tom semitom tom tom tom semitom tom

Com o propósito de visualizar sua construção, pode-se analisar o modo dórico como uma escala maior (ou jônica) que inicia na segunda nota, Ré. Ainda, é possível tomar como referência a escala de Ré menor no modo dórico, que resultará em uma escala de Ré a Ré utilizando-se apenas as notas naturais (as teclas brancas do piano). Veja os exemplos a seguir, com a construção das escalas de Ré dórico e de Ré menor natural.

**Figura 4.11** – Modelo de escala dórica em Ré

**Figura 4.12** – Escala de Ré menor natural

Ao observarmos os dois exemplos, percebemos que a diferença entre ambos está no VI grau: enquanto, na escala de ré menor natural, a sexta é menor (Figura 4.11), na escala de Ré dórico, a sexta é maior (Figura 4.12). Pode-se afirmar, assim, que o modo dórico é uma escala menor com a sexta maior. Encontrado na música renascentista, na música nordestina, no *blues*, no *rock* e no *jazz*, esse modo tem uma sonoridade livre de tensões, diferentemente dos outros modos menores. Segundo Alves (1997, p. 24), em contextos de improvisação, "a escala Dórica é também muito executada no blues em tom menor. Intercalando-a com a própria escala de Blues, obtém-se ótimos resultados [sic]". Observe o exemplo a seguir.

**Figura 4.13** – Trecho melódico de *Oye cómo va*, Tito Puente, 1962

Fonte: Puente, 1962.

Na Figura 4.13, a melodia de *Oye cómo va*, de Tito Puente, está em Lá menor modo dórico. O trecho em destaque traz o intervalo característico de sexta maior entre o I e o VI graus (Lá-Fá#), presente no modo dórico. Os acordes utilizados na harmonia também contêm notas da escala dórica: Am7 e D9 (I e IV graus). Observe, a seguir, a escala empregada nessa melodia.

**Figura 4.14** – Escala de Lá dórico

6ª MAIOR: intervalo característico

## 4.2.2 Modo frígio

O modo frígio tem origem no III grau (menor) da escala diatônica maior, sendo mais um dos modos menores. Formado por cinco tons e dois semitons, tem a seguinte estrutura:

> semitom tom tom tom semitom tom tom

Tal modo pode ser analisado como uma escala menor (modo eólio) com a segunda menor, seu intervalo característico. Observe os exemplos a seguir, do modo frígio de Mi e de sua escala menor natural.

**Figura 4.15** – Modelo de escala frígia em Mi

**Figura 4.16** – Escala de Mi menor natural

**Se ligue na batida!**

Como já mencionado, o modo frígio tem como intervalo característico a segunda menor, o que torna sua sonoridade tensa, enigmá-
tica e misteriosa. É muito comum no *flamenco* (música espanhola),
sendo com frequência associado à região das arábias.

Na sequência, apresentamos um exemplo de melodia construída
no modo frígio. Observe que ela gira em torno do intervalo característico de segunda menor, e os acordes de Bm e C também destacam
essa sonoridade.

**Figura 4.17** – Melodia em modo frígio

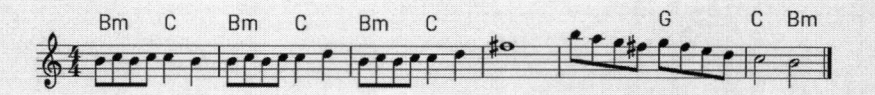

Agora, examine a escala empregada na melodia anterior. Foram
colocados em destaque os intervalos formados com a tônica, além
do intervalo característico.

**Figura 4.18** – Escala de Si frígio

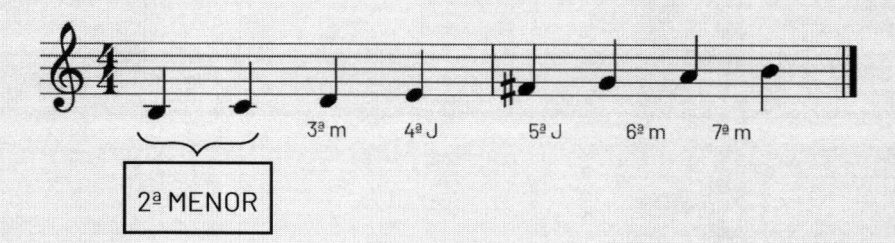

Conforme Alves (1997), a escala frígia (ou modo frígio) pode ser usada em acordes menores que exercem função de IIIm da escala maior e, principalmente, sob o acorde frígio, o sus(b9).

 **Só as melhores**

Procure escutar a música *Pyramid Song*, da banda Radiohead. O segundo acorde na progressão de abertura é construído no segundo plano do frígio.

RADIOHEAD. **Pyramid Song**. 23 jan. 2015. Disponível em: <https://www.youtube.com/watch?v=3M_Gg1xAHE4>. Acesso em: 7 jan. 2022.

## 4.2.3 Modo lídio

Com origem no IV grau da escala diatônica maior, o modo lídio é um dos modos maiores. Também constituído por cinco tons e dois semitons, organiza-se da seguinte maneira:

tom tom tom semitom tom tom semitom

Pode ser analisado como uma escala maior (modo jônio) com a quarta aumentada, seu intervalo característico. Veja o modelo de referência no modo lídio de Fá e de sua escala maior natural.

**Figura 4.19** – Modelo de escala lídia em Fá

**Figura 4.20** – Escala de Fá maior natural

Em razão do intervalo de quarta aumentada característico, o modo lídio apresenta uma sonoridade espacial que remete à fantasia e a histórias épicas, servindo frequentemente para trilhas sonoras de cinema, de *games* e no *rock*. O exemplo a seguir foi extraído de um tema bastante conhecido do cinema: o filme *E.T. – O Extraterrestre* (1982), no qual o compositor John Williams utilizou o modo lídio na melodia.

**Figura 4.21** – Trecho do tema de *E.T. – O Extraterrestre*, 1982

Fonte: Williams, 1982.

Observe que a melodia inicia com as notas da escala de Dó maior, mas, no terceiro compasso, surge o Fá#, que consiste na quarta aumentada de Dó. Nesse momento, a harmonia mantém a nota tônica no baixo, deixando o acorde suspenso com a quarta aumentada formada pelo acorde de Ré maior. No contexto modal, a harmonia tem a função de **enfatizar as características sonoras de cada modo** e **não há condução entre acordes de tensão e de repouso** como no contexto tonal. Veja agora a escala modal aplicada no exemplo da Figura 4.22.

**Figura 4.22** – Escala de Dó lídio

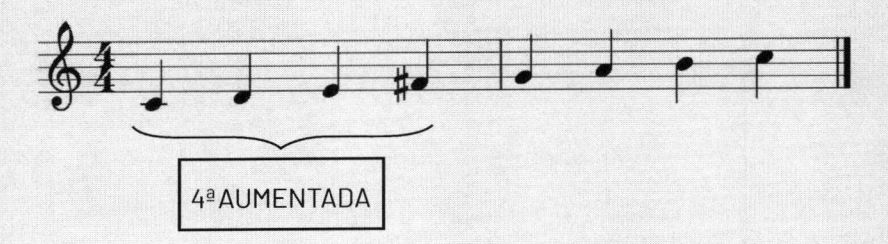

**Só as melhores**

Há outro tema de John Williams que também faz parte da trilha sonora do filme *E.T. - O Extraterrestre*. Trata-se de *Over the Moon*. Procure escutá-lo. Esse tema, na versão para piano solo, é apresentado ao final do filme, quando aparecem os créditos, e utiliza a sonoridade de Ré bemol lídio.

WILLIAMS, J. **Over the Moon**. 23 jul. 2018. Disponível em: <https://www.youtube.com/watch?v=HR3KfrIul58>. Acesso em: 7 jan. 2022.

"A escala Lídia (ou modo Lídio) é usada na categoria dos acordes maiores, sobretudo quando estes possuem a 11ª (ou 4ª) aumentada" (Alves, 1997, p. 28). Para executar esse modo, pode-se pensar na escala maior (modo jônico) da tonalidade encontrada uma quinta justa acima da tonalidade em questão. Por exemplo, a escala de Dó maior aplica-se muito bem no Fá modo lídio, que tem todas as notas naturais. O acorde do modo lídio, conforme Alves (1997), é um acorde maior com sétima e quarta aumentadas, sendo a forma mais correta de registrá-lo a seguinte: M7(#11). Entretanto, também pode ser encontrado como M7(b5), M+4, M7+4 e M7(#4).

## 4.2.4 Modo mixolídio

Com origem no V grau da escala diatônica maior, o modo mixolídio é outro modo maior. Constituído por cinco tons e dois semitons, assim como os demais modos, sua estrutura é a seguinte:

tom tom semitom tom tom semitom tom

Esse modo pode ser analisado como uma escala maior (modo jônio) com o VII grau abaixado em um semitom, ou seja, com a sétima menor como intervalo característico. O modo mixolídio pode ser encontrado na música nordestina, no *blues*, no *jazz* e no *rock*, e seu intervalo de sétima menor característico gera tensão em sua sonoridade, sendo facilmente identificado. Observe, a seguir, o modelo do modo mixolídio em Sol e a escala maior de sua nota de referência.

**Figura 4.23** – Modelo de escala mixolídia em Sol

**Figura 4.24** – Escala de Sol maior natural

De acordo com Alves (1997), a escala mixolídia (ou modo mixolídio) também é denominada **escala dominante**, podendo ser usada na categoria dos acordes dominantes que não apresentam alterações (b5, #5, b9, #9 ou #11) e, também, nos acordes dominantes com quarta suspensa (ou décima primeira), com diferente nota a ser evitada. O modo mixolídio é bastante comum na música nordestina, principalmente no baião, no frevo e em alguns outros ritmos da região. Examine os exemplos de baião a seguir.

**Figura 4.25** – Trecho da melodia de *O ovo*, Hermeto Pascoal e Geraldo Vandré, 1967

Fonte: Vandré; Pascoal, 1967.

No trecho da Figura 4.25, a melodia de *O ovo*, de Geraldo Vandré e Hermeto Pascoal, está em Si mixolídio. Observe que o VII grau (nota Lá) é bemolizado, tornando a sétima menor. A música utiliza praticamente apenas acordes com sétima (dominantes). No próximo exemplo, a melodia está em Fá mixolídio. Observe que a sétima também foi bemolizada.

**Figura 4.26** – Trecho da melodia de *Baião*, Luiz Gonzaga e Humberto Teixeira, 1949

Fonte: Gonzaga, 1949.

A frase inicial de *Baião*, de Luiz Gonzaga e Humberto Teixeira, utiliza as notas do acorde de sétima dominante, deixando ainda mais evidente o uso da escala mixolídia. Ao final dessa frase, a melodia vai para a nota Lá bemol, que consiste na sétima menor do próximo acorde de dominante: Bb7. Agora, vejamos as escalas aplicadas nos exemplos dados.

**Figura 4.27** – Escala de Si mixolídio

**Figura 4.28** – Escala de Fá mixolídio

Segundo Alves (1997), esse modo tem grande importância, pois faz parte da cadência II – V – I, que é a base da música popular brasileira e da música popular de modo geral. A terça maior e a sétima menor definem o acorde de dominante. "Um acorde com estas características cria uma tensão que necessita resolução, geralmente, em um acorde 4ª justa acima (ou 5ª justa abaixo). Por exemplo: G7 pede resolução no C ou Cm"(Alves, 1997, p. 30).

## 4.2.5 Modo lócrio

O modo lócrio corresponde ao VII grau da escala diatônica maior e é um modo meio diminuto. Formado por cinco tons e dois semitons, tem a seguinte estrutura:

> semitom tom tom semitom tom tom tom

O modo lócrio pode ser analisado como um modo menor com a quinta diminuta e a segunda menor, seus intervalos característicos. É o único dos sete modos a formar uma escala meio diminuta, tendo uma sonoridade mais tensa que a do modo frígio. Pode ser encontrado em trechos de obras eruditas, em improvisações de *jazz* e, principalmente, em *riffs* de *heavy metal*. Confira, a seguir, o modelo do modo lócrio em Si, que utiliza somente as notas naturais, e a escala menor natural.

**Figura 4.29** – Modelo de escala lócria em Si

**Figura 4.30** – Escala de Si menor natural

O acorde de modo lócrio contém o trítono em sua estrutura, a partir da tônica, o que o torna bastante dissonante. Em razão de sua instabilidade, essa escala geralmente é aplicada num momento específico da música, por exemplo, na introdução ou num interlúdio, sobre determinados acordes da cadência, enfatizando, assim, essa sonoridade num trecho musical particular. Sua aplicação ocorre em acordes de sétima menor com a quinta diminuta (também chamado *meio diminuto*), em cadências II – V – I, quando o II grau é meio diminuto.

A segunda nota do modo lócrio é dissonante e pede resolução na tônica. Com vistas a facilitar sua utilização, pode-se pensar na escala maior (jônica) da tonalidade encontrada um semitom acima. Por exemplo, sobre o Fm7(b5), pode-se executar a escala jônica de Fá#; as notas serão as mesmas do modo lócrio de Fá. Observe o exemplo de uma melodia em Mi lócrio.

**Figura 4.31** – Canção folclórica

Fonte: Med, 1996, p. 170.

A sonoridade do modo lócrio pode ser considerada um pouco "estranha" e psicodélica. Um exemplo de música nacional que utiliza o modo lócrio é *Máscara* (2003), da cantora Pitty. Veja a transcrição do contorno melódico a seguir.

**Figura 4.32** – Introdução de *Máscara*, Pitty, 2003.

5ª DIMINUTA          2ª MENOR

Fonte: Pitty, 2003.

Procure escutar atentamente a introdução com o solo de guitarra, em que fica evidente o modo em questão pela presença da 5ª diminuta e da 2ª menor.

**Resumo da ópera**

Este foi um capítulo voltado para o estudo e a percepção das escalas pentatônicas e dos modos gregos ou escalas modais. Vimos que cada uma dessas escalas tem um desenho específico: as escalas pentatônicas, formadas por cinco notas e com intervalos de segunda maior e terça menor, podem ser maiores ou menores e ser tocadas invertidas, sendo um recurso muito frequente em improvisação. As escalas modais, por sua vez, têm sequências de tom e semitom entre suas notas, e cada modo contém um intervalo característico que afirma a identidade de sua sonoridade, o aspecto mais importante na música modal.

Inicialmente, discorremos sobre as escalas pentatônicas, apresentando a estrutura das pentatônicas maior e menor, os intervalos formados com a tônica da escala, a comparação dessas escalas com as escalas diatônicas maior e menor naturais, os graus retirados dessas escalas para sua formação, os acordes em que podem ser aplicadas, além de alguns exemplos de melodias nas quais são utilizadas.

Na sequência, abordamos as escalas modais, com os modos dórico e frígio, os quais correspondem a dois modos menores com a sexta maior e a segunda menor como intervalos característicos, respectivamente. Examinamos as estruturas de cada um deles, com a sequência ordenada de tons e semitons de acordo com cada sonoridade, bem como exemplos melódicos de temas que empregam esses modos e os estilos musicais em que são mais comuns.

Em seguida, versamos sobre o modo lídio, que consiste em um modo maior com a quarta aumentada como intervalo característico. Também vimos sua estrutura em comparação com o modo maior da escala diatônica natural e exemplos de melodias consagradas que aproveitam essa sonoridade.

Na sequência, tratamos de outro modo maior, o mixolídio, que tem como intervalo característico a sétima menor. É um modo bastante aplicado no baião e na música nordestina de forma geral, assim como no *blues*, no *jazz* e no *rock*, tendo uma sonoridade de fácil identificação, por ser mais comum aos nossos ouvidos.

Por fim, vimos o único modo meio diminuto, o modo lócrio, que tem uma sonoridade mais tensa e muito usada em *riffs* de *heavy metal*. Conta com dois intervalos característicos: a segunda menor e a quinta diminuta. É um modo mais difícil de exemplificar, por ter uma sonoridade mais incomum; sua identificação também demanda prática.

 ## Teste de som

1. Analise as afirmativas sobre as escalas pentatônicas e classifique-as como verdadeiras (V) ou falsas (F).

   ( ) A pentatônica maior é formada por três semitons e dois intervalos de terça maior.

   ( ) A pentatônica maior é constituída por três tons e dois intervalos de terça menor.

   ( ) A pentatônica menor é formada por três semitons e dois intervalos de terça maior.

   ( ) A pentatônica menor é constituída por três tons e dois intervalos de terça menor.

   ( ) As escalas pentatônicas são formadas por cinco notas em sua sequência.

Agora, assinale a alternativa que apresenta a sequência correta:

a)  V, V, F, V, F.

b)  F, V, F, V, F.

c)  F, V, F, V, V.

d)  V, F, V, F, V.

e)  V, F, V, F, F.

2. Assinale a alternativa que apresenta a sequência correta de intervalos formados com a tônica na escala pentatônica maior:

a)  Tônica – 2ª M – 3ª m – 5ª J – 6ª M.

b)  Tônica – 2ª m – 3ª M – 5ª J – 6ª m.

c)  Tônica – 2ª M – 3ª M – 5ª J – 6ª M.

d)  Tônica – 2ª m – 3ª m – 5ª J – 6ª M.

e)  Tônica – 2ª M – 3ª M – 5ª J – 6ª m.

3. Assinale a alternativa que apresenta a sequência correta de intervalos formados com a tônica na escala pentatônica menor:

a)  Tônica – 3ª m – 4ª J – 5ª J – 7ª m.

b)  Tônica – 3ª m – 4ª J – 5ª J – 7ª M.

c)  Tônica – 3ª M – 4ª J – 5ª J – 7ª M.

d)  Tônica – 3ª M – 4ª J – 5ª J – 7ª m.

e)  Tônica – 3ª m – 4ª J – 5ª D – 7ª m.

4. Analise as afirmações a seguir e indique se são verdadeiras (V) ou falsas (F).

( ) A escala pentatônica maior pode ser construída a partir da escala diatônica maior natural, com a retirada do IV e do VII graus desta.

( ) A escala pentatônica maior pode ser construída a partir da escala diatônica menor natural, com a retirada do IV e do VII graus desta.

( ) A escala pentatônica menor pode ser construída a partir da escala diatônica menor natural, com a retirada do II e do VI graus desta.

( ) A escala pentatônica menor pode ser construída a partir da escala diatônica maior natural, com a retirada do II e do VI graus desta.

( ) As escalas pentatônicas não podem ser tocadas invertidas.

Agora, assinale a alternativa que apresenta a sequência correta:

a) V, V, V, V, F.

b) V, F, V, V, F.

c) F, V, F, V, V.

d) V, F, V, F, V.

e) V, F, V, F, F.

5. Assinale a alternativa correta sobre os modos:

a) O modo dórico é um modo menor com a sexta menor como intervalo característico.

b) O modo frígio é um modo menor com a segunda menor como intervalo característico.

c) O modo lídio é um modo menor com a quarta aumentada como intervalo característico.

d) O modo mixolídio é um modo maior com a sétima maior como intervalo característico.

e) O modo lócrio é um modo menor com a sétima diminuta.

 **Treinando o repertório**

## Pensando na melodia

1. Existem diversas escalas que podem ser usadas para a impro-visação. Vimos até o momento algumas delas. Reflita sobre o uso das pentatônicas e das escalas modais, considerando de que forma elas podem enriquecer a sonoridade de uma impro-visação ou composição. Aponte algumas estratégias de estudo que você acredita que possam auxiliá-lo na memorização dessas sonoridades e, também, em sua aplicação na prática instru-mental/vocal. Se necessário, pesquise algumas voltadas para esse assunto.

2. Alguns conteúdos são pré-requisitos para um melhor entendimento das escalas pentatônicas e dos modos gregos, como: conceitos básicos de teoria musical; localização das notas no instrumento; escalas maiores e menores em todas as tonalidades; intervalos; formação de acordes; campo harmônico; e funções harmônicas. Como você avalia seu conhecimento acerca desses assuntos? O que pode fazer para aperfeiçoá-los?

## Som na caixa

1. Para aplicar as escalas pentatônicas e modais, é muito importante conhecê-las e saber como construí-las. Monte as escalas pentatônicas maiores e menores de Ré e Sol e, em seguida, todas as escalas modais trabalhadas a partir da nota Lá. Você pode, primeiramente, tocá-las em seu instrumento e, depois, fazer o registro na pauta, com atenção para os intervalos que caracterizam cada uma delas.

2. O que mais define um modo não é apenas sua relação de tons e semitons entre as notas, e sim a sonoridade característica de cada um deles, que transporta o ouvinte para diferentes "lugares". Procure outros exemplos musicais em que você possa identificar os modos trabalhados neste capítulo.

# Capítulo 5
# PERCEPÇÃO HARMÔNICA

O objetivo deste capítulo é promover o desenvolvimento das habilidades de escrita e percepção de acordes com dissonâncias, acordes invertidos, além de progressões e clichês harmônicos. A percepção harmônica envolve a compreensão de diferentes estruturas harmônicas, presentes nos mais variados estilos e gêneros musicais. A habilidade de perceber harmonias abrange o conhecimento de acordes simples e complexos, maiores, menores, diminutos, aumentados, tríades, tétrades, além de acordes com tensões adicionadas.

O foco deste capítulo são os acordes complexos, ou seja, acordes com notas de tensão adicionadas, cujo objetivo é enriquecer a sonoridade deles. Os acordes simples são aqueles formados pelo primeiro, terceiro, quinto e sétimo graus da escala do acorde, notas estas que formam as tríades e as tétrades. Há ainda outras notas na escala: o segundo, o quarto e o sexto graus da nota tônica, os quais correspondem às tensões que podem ser adicionadas aos acordes, de modo a criar outras sonoridades.

Essas notas de tensão adicionais são comumente chamadas de *nona*, *décima primeira* e *décima terceira*, respectivamente. "Tétrades com nona, bem como tétrades com décima primeira e com décima terceira, são muito usadas para estilos como **Bossa Nova**, **Swing**, **Jazz** etc." (Adolfo, 2010, p. 124, grifo do original).

## 5.1 Acordes com nona

O acorde de nona é formado por cinco notas diferentes. É uma tétrade (acorde de sétima) em que se adiciona mais uma terça, podendo ser considerado uma sobreposição de dois acordes de quinta. De acordo com Med (1996, p. 366), "o acorde de nona mais usado é o acorde formado sobre a dominante dos tons Maiores e menores".

## Se ligue na batida:

Quando um acorde de nona é harmonizado a quatro vozes, a omissão de uma das cinco notas – geralmente a quinta – é um procedimento comum. A nota fundamental ou a nona nunca podem ser omitidas, pois o acorde perderia sua característica como acorde de nona. É possível, ainda, formar uma tríade com a nona adicionada sem se acrescentar a sétima. O acorde pode ser maior ou menor, e a nona adicionada é sempre maior nesse caso. A sigla utilizada para a tríade com a nona adicionada é a seguinte: **M(add9)** ou **m(add9)**.

## 5.1.1 Tríade com nona

Como já mencionado, para se obter um acorde add9, basta adicionar uma nona maior a uma tríade maior ou menor. "A nona maior é igual ao segundo grau de uma escala maior na oitava acima"(Adolfo, 2010, p. 115). No piano, a nota fundamental deve ir para o baixo, na mão esquerda, enquanto as demais notas geralmente são tocadas pela mão direita. Examinemos alguns exemplos.

**Figura 5.1** – Tríade maior e menor com a nona adicionada

**Figura 5.2** – Tríades com nona em diferentes posições

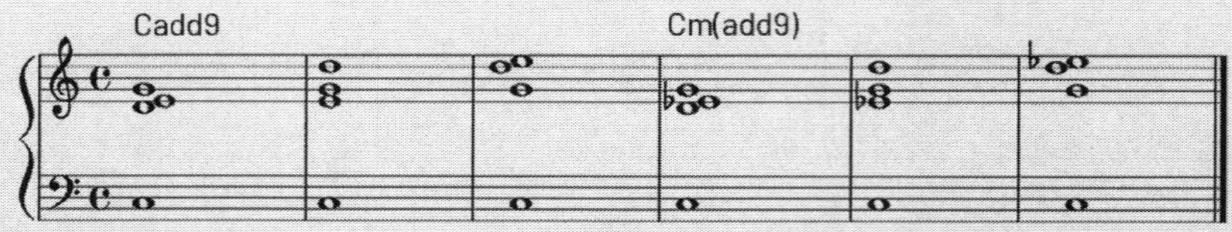

Observe que, na Figura 5.1, a nona aparece na parte superior do acorde, na Clave de Sol. Já na Figura 5.2, a nota fundamental se manteve no baixo, enquanto na Clave de Sol as demais notas do acorde foram apresentadas em diferentes posições. Segundo Adolfo (2010), geralmente o acorde add9 é usado na posição fundamental, mas as inversões são interessantes e sofisticadas, enriquecendo a sonoridade do acorde. Mais adiante, veremos mais atentamente quais inversões podem ser utilizadas em cada um dos acordes complexos.

## 5.1.2 Acorde de nona maior da dominante

O acorde de nona maior da dominante é formado sobre o quinto grau das escalas maiores, sendo obtido pelo acréscimo de uma terça maior ao acorde de sétima da dominante, que é um acorde maior com a sétima menor. Observe o exemplo a seguir.

**Figura 5.3** – Acorde de Sol maior com sétima menor e nona maior

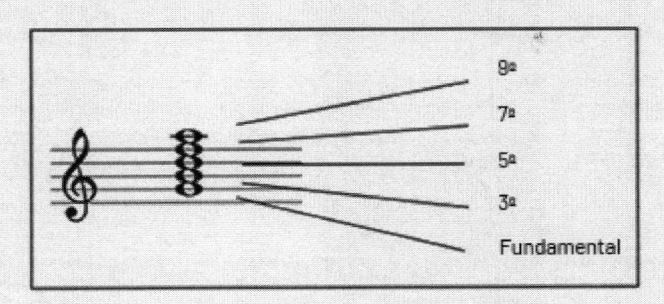

O acorde apresentado na Figura 5.3 é o acorde de nona maior da dominante, construído sobre o quinto grau da escala de Dó maior. Observe que o acorde tem a **terça maior**, a **quinta justa**, a **sétima menor** e a **nona maior**. Esses são os intervalos formados com a nota fundamental do acorde (Sol). Quando o acorde é tocado, ouvimos os intervalos que o formam soando juntos. Portanto, no estudo da percepção harmônica, é preciso muita atenção e treinamento para aprender a reconhecer auditivamente cada modalidade de acorde.

Vejamos, na sequência, mais alguns exemplos de acordes de nona da dominante, todos na posição fundamental.

**Figura 5.4** – Acordes de nona maior da dominante

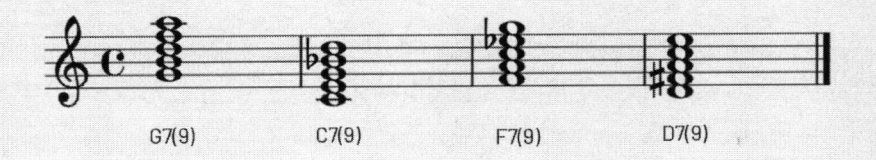

G7(9)          C7(9)          F7(9)          D7(9)

Observe como esses acordes, em sua posição fundamental, correspondem a sobreposições de terças maiores e menores, na seguinte ordem:

3ª M – 3ª m – 3ª m – 3ª M

## 5.1.3 Acorde de nona menor da dominante

O acorde de nona menor da dominante é formado sobre o quinto grau das escalas menores, sendo obtido pelo acréscimo de uma terça menor ao acorde de sétima da dominante, que é um acorde maior com a sétima menor. Confira o exemplo adiante.

**Figura 5.5** – Acorde de Mi maior com sétima menor e nona menor

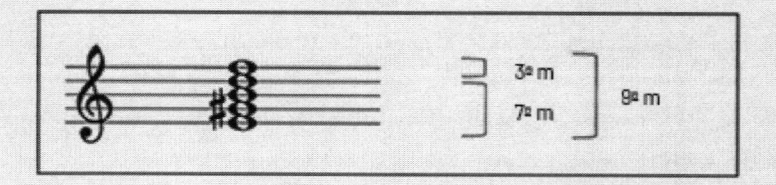

O acorde da Figura 5.5 é o acorde de nona menor da dominante formado sobre o quinto grau da escala de Lá menor. Observe que a diferença de intervalos para o acorde de nona maior da dominante é a última nota do acorde, que configura uma terça menor em relação à sétima e uma nona menor em relação à nota fundamental do acorde. Desse modo, no estado fundamental, o acorde tem a seguinte ordenação das terças, de baixo para cima:

3ª M – 3ª m – 3ª m – 3ª m

Na Figura 5.6, a seguir, analise a disposição das notas de alguns acordes de dominante com a **nona menor adicionada**.

**Figura 5.6** – Acordes de nona menor da dominante

A nona menor (ou nona bemol) é adicionada ao acorde de dominante para fortalecer a cadência V – I menor. É uma dissonância que acrescenta mais um trítono ao acorde, pois o V7 já conta com um trítono em sua estrutura. Na harmonia, existem acordes equivalentes ou que podem ser substituídos uns pelo outros. No caso do V7(b9), esse acorde pode ser substituído pelo VII, que é um acorde diminuto com as mesmas notas em sua estrutura e os mesmos intervalos de trítono.

## 5.1.4 Acorde maior com sétima e nona maiores

O acorde maior com sétima e nona maiores é formado sobre o primeiro e o quarto graus das escalas maiores, sendo obtido pelo acréscimo de uma terça menor ao acorde maior com sétima maior. Vamos ao exemplo.

**Figura 5.7** – Acorde de Dó maior com sétima maior e nona maior

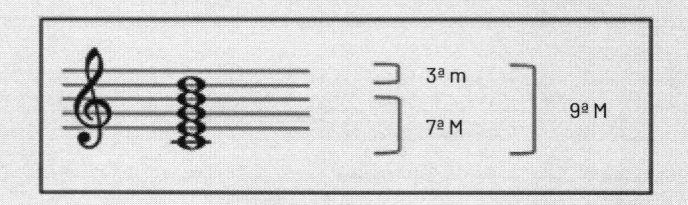

Nos exemplos a seguir, observe alguns acordes de sétima maior com a nona maior em diferentes tonalidades, com destaque para os graus das escalas.

**Figura 5.8** – Acordes maiores com sétima e nona maiores

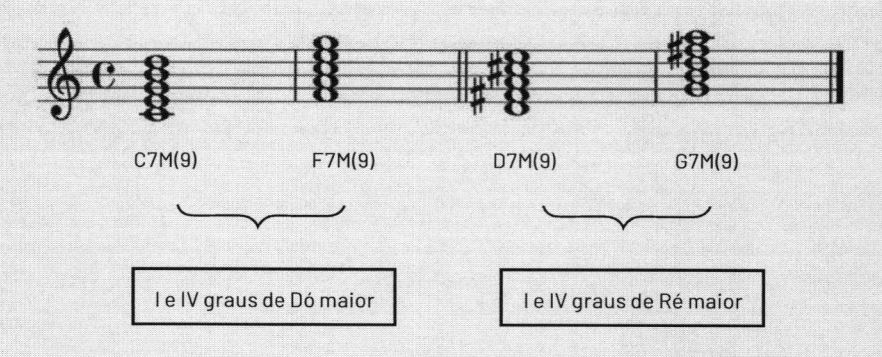

C7M(9)     F7M(9)     D7M(9)     G7M(9)

I e IV graus de Dó maior          I e IV graus de Ré maior

Esse acorde também é encontrado sobre o terceiro grau da escala menor natural. Seguindo-se o mesmo raciocínio aplicado anteriormente, o acorde em questão tem a seguinte sobreposição de terças diatônicas, isto é, com notas oriundas da escala diatônica:

3ª M – 3ª m – 3ª M – 3ª m

## 5.1.5 Acorde menor com sétima menor e nona maior

O acorde menor com sétima menor e nona maior é formado sobre o segundo e o sexto graus das escalas maiores e o quarto grau das escalas menores, sendo obtido pelo acréscimo de uma terça maior ao acorde menor com sétima menor. Veja o exemplo a seguir.

**Figura 5.9** – Acorde de Dó menor com sétima menor e nona maior

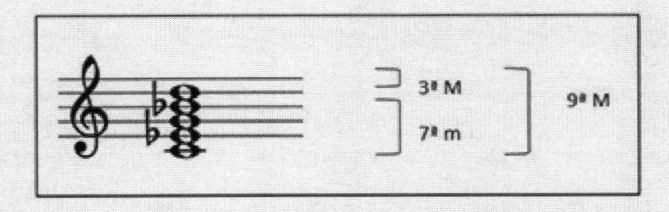

Esse acorde tem a seguinte ordenação de suas terças:

3ª m – 3ª M – 3ª m – 3ª M

Na sequência, analise alguns exemplos dessa modalidade de acorde. Observe que, na cifragem, coloca-se apenas o número 7, que representa a sétima menor. Já o número 9 entre parênteses indica a nona maior.

**Figura 5.10** – Acordes menores com sétima menor e nona maior

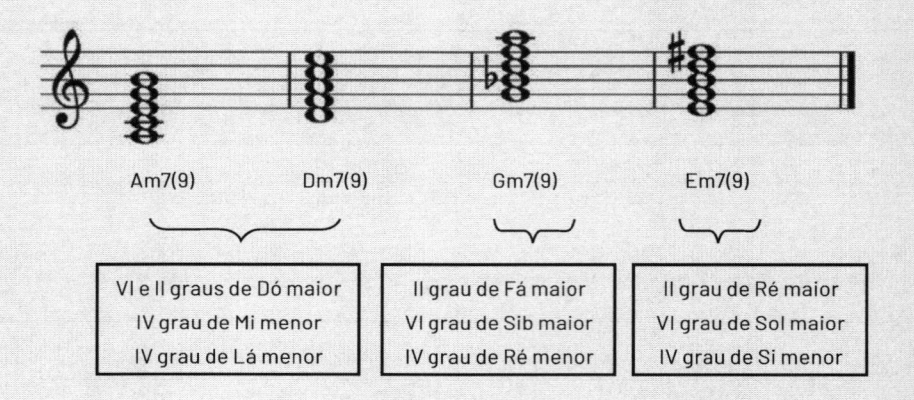

| Am7(9) | Dm7(9) | Gm7(9) | Em7(9) |

| VI e II graus de Dó maior | II grau de Fá maior | II grau de Ré maior |
| IV grau de Mi menor | VI grau de Sib maior | VI grau de Sol maior |
| IV grau de Lá menor | IV grau de Ré menor | IV grau de Si menor |

## 5.2 Acordes com décima primeira e décima terceira

Os acordes com décima primeira e décima terceira são acordes complexos, isto é, com tensões adicionais, formados por seis e sete sons, respectivamente. Entretanto, "os verdadeiros acordes de 11ª e 13ª (ou seja, com todos os sons constituintes presentes) são relativamente raros, mesmo na música contemporânea"(Senna, 2002, p. 196). Segundo Senna (2002), esses acordes em especial são utilizados no contexto tradicional como acordes de sétima, com a substituição da terça ou da quinta pela quarta (décima primeira) e pela sexta (décima terceira).

## 5.2.1 Acorde com décima primeira

O acorde com décima primeira é formado por seis notas. É um acorde de nona em que se acrescenta mais uma terça. No estado fundamental, isto é, sem inverter o acorde, o intervalo formado entre as notas da extremidade é uma décima primeira, que corresponde a um intervalo composto, conforme ilustrado na sequência.

**Figura 5.11** – Acorde com décima primeira

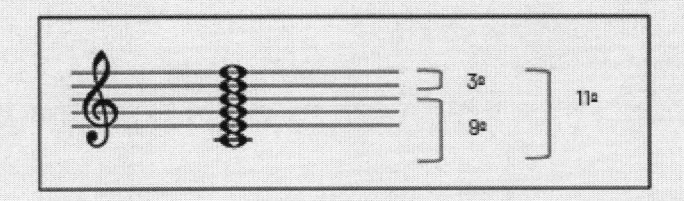

Segundo Med (1996, p. 373), "o acorde de décima primeira pode ser também considerado como sobreposição de dois acordes de quinta separados por uma terça". Os acordes de décima primeira são geralmente construídos no V grau, mas também podem aparecer no I, II e IV graus. As notas mais importantes do acorde são a **fundamental**, a **sétima** e a **décima primeira**. É muito comum omitir uma ou mais notas desse acorde em razão da densidade sonora resultante da sobreposição das notas. Veja os exemplos.

**Figura 5.12** – Acordes com décima primeira

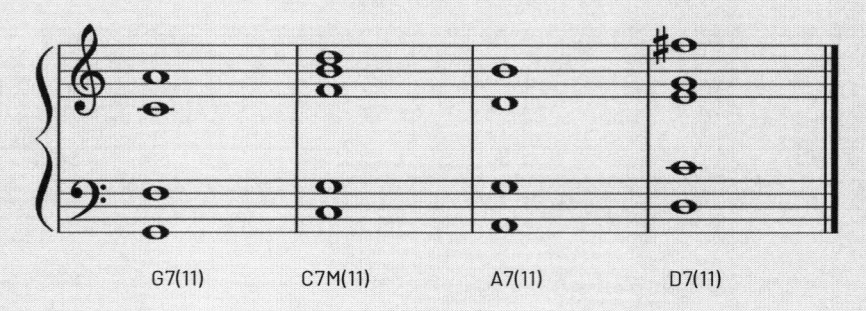

Nos exemplos da Figura 5.12, o primeiro acorde, **G7(11)**, aparece com a tônica, a sétima menor, a décima primeira e a nona maior, tendo a terça e a quinta ocultadas. O segundo acorde, **C7M(11)**, tem a tônica, a quinta, a décima primeira, a sétima maior e a nona maior, com apenas a terça ocultada. O terceiro acorde da sequência, **A7(11)**, aparece com a tônica, a sétima menor, a décima primeira e a nona maior, tendo a terça e a quinta ocultadas. O quarto e último acorde, **D7(11)**, foi harmonizado com a tônica, a sétima menor, a nona maior, a décima primeira e a terça maior, tendo apenas a quinta ocultada.

Para facilitar na hora de se construir o acorde, pode-se pensar no intervalo de quarta com a tônica: é a mesma nota! Concluímos, assim, que o acorde de décima primeira engloba diversas possibilidades de harmonização das vozes, e a décima primeira enriquece ainda mais o acorde com a sobreposição dessa tensão adicional.

## 5.2.2 Acorde com décima terceira

O acorde com décima terceira é formado por sete sons, sendo um acorde de décima primeira em que se acrescenta mais uma terça. O intervalo formado entre as notas da extremidade é uma décima terceira, que corresponde a um intervalo composto. Esse acorde frequentemente é construído sobre um acorde de dominante, seja de modo maior ou modo menor. A cifragem utilizada para o acorde de dominante é a seguinte: **D13** no modo maior e **D(b13)** no modo menor (Senna, 2002).

**Figura 5.13** – Acorde com a décima terceira adicionada

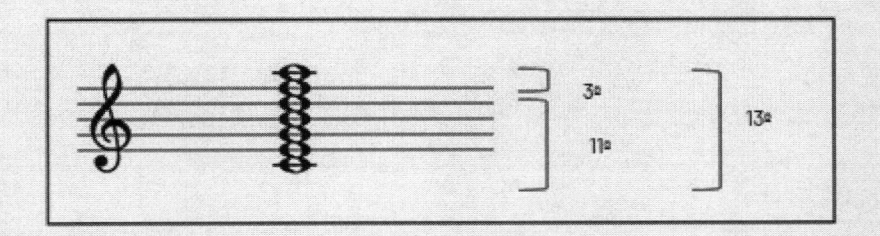

Para a formação dos acordes complexos, ou seja, aqueles em que há sobreposição de notas sobre acordes de sétima, existem inúmeras possibilidades. Vamos destacar aqui os acordes de décima terceira que são mais utilizados, considerando-se que, quanto maior o número de sobreposição de terças, maior a dissonância resultante do acorde. Por esse motivo, algumas notas geralmente são omitidas na harmonização. Observe os exemplos a seguir.

**Figura 5.14** – Acordes de dominante com décima terceira

A7(13)          A7(b13)          C7(13)          C7(b13)

Os exemplos da Figura 5.14 representam acordes de sétima da dominante com a décima terceira adicionada. Geralmente, os acordes de décima terceira têm a nona também adicionada ao acorde; nele, a quinta é substituída pela sexta (que é a mesma nota da décima terceira a partir da tônica). "A 6ª está sempre acima da sétima, daí o seu nome 13ª da dominante" (Senna, 2002, p. 59).

Quando a décima terceira é bemol, a nona também é bemol. O acorde de dominante formado sobre o modo maior tem a décima terceira maior, enquanto o acorde de dominante formado sobre o modo menor tem a décima terceira bemol (menor). Observe que a quinta e a décima primeira foram omitidas, permanecendo a sétima, a nona e a décima terceira como tensões do acorde.

# 5.3 Inversões

A inversão de acordes é um recurso muito aproveitado pelos músicos no encadeamento de uma sequência harmônica. Inverter um acorde implica alterar a ordenação de suas notas, mudando sua posição e, principalmente, a nota mais grave. As inversões têm as seguintes finalidades: alterar ou suavizar a sonoridade do acorde; tornar a condução de vozes em uma sequência harmônica mais coerente; e criar uma linha melódica no baixo.

Os acordes com nona, décima primeira e décima terceira comumente aparecem invertidos, pois isso faz com que o acorde soe mais "agradável". Há disposições específicas e consideradas mais harmônicas para as notas desses acordes. Alguns exemplos já foram apresentados com as notas internas do acorde em posições deslocadas. Vejamos, na sequência, algumas inversões.

## 5.3.1 Inversões dos acordes com nona

No estado fundamental do acorde de nona, a nota mais grave (o baixo) é a fundamental do acorde. Para realizar uma inversão correta do acorde de nona, é preciso manter o intervalo de nona entre a fundamental e a nona, preservando-se a nona sempre acima da fundamental, seja qual for a inversão.

**Figura 5.15** – Inversões do acorde de nona

Estado fundamental     1ª inversão     2ª inversão     3ª inversão

Observe que, na primeira inversão, conforme a Figura 5.15, o baixo é a terça do acorde; na segunda inversão, a quinta; e, na terceira inversão, a sétima. As demais notas são distribuídas de acordo com a sonoridade, buscando-se evitar dissonâncias muito fortes e manter o intervalo de nona entre a nota fundamental do acorde e a nona. Não se usa a quarta inversão desse acorde, pois não é possível manter o intervalo de nona entre a fundamental e o baixo.

## 5.3.2 Inversões dos acordes com décima primeira

A seguir, vejamos algumas das posições e inversões mais utilizadas para os acordes com décima primeira no violão.

**Figura 5.16** – Inversões do acorde de C7M(11#)

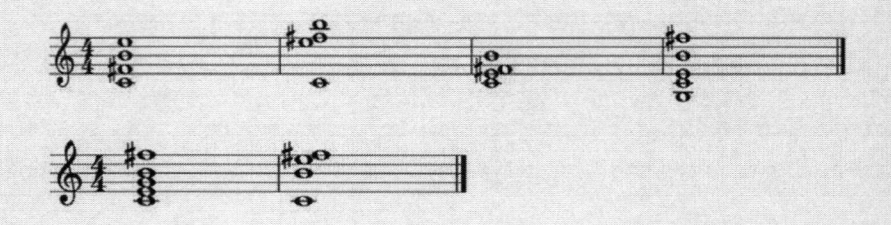

Fonte: Chediak, 1984, p. 65.

**Figura 5.17** – Inversões do acorde de C7M(9)(11#)

Fonte: Chediak, 1984, p. 66.

**Figura 5.18** – Posições do acorde de Cm7(11)

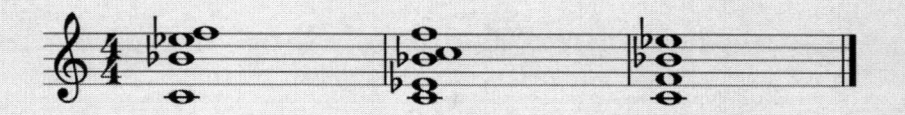

Fonte: Chediak, 1984, p. 77.

**Figura 5.19** – Acorde de C7(9)(11#)

Fonte: Chediak, 1984, p. 86.

**Figura 5.20** – Acorde de Cm7(9)(11)

Fonte: Chediak, 1984, p. 77.

## 5.3.3 Inversões dos acordes com décima terceira

O acorde de dominante com décima terceira é utilizado na posição fundamental, na primeira e terceira inversões (Senna, 2002). Observe o exemplo.

**Figura 5.21** – Acorde de dominante com décima terceira (inversões)

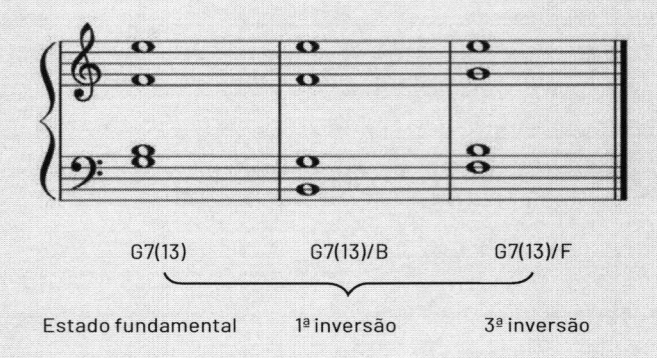

Adiante, apresentamos algumas das posições e inversões mais usadas para os acordes com décima terceira no violão.

**Figura 5.22** – Acordes com décima terceira

Fonte: Chediak, 1984, p. 87-89.

**Figura 5.23** – Acordes de nona com décima terceira

Fonte: Chediak, 1984, p. 91.

**Figura 5.24** – Acordes de sétima com nona menor e décima terceira

Fonte: Chediak, 1984, p. 93.

## 5.4 Progressões harmônicas (clichês harmônicos)

A harmonia musical é composta por diversas possibilidades de progressões harmônicas, as quais consistem em sequências de acordes que produzem um efeito harmônico característico. Essas sequências também são chamadas de *cadências* e existem diversas formas de organizar os acordes em música.

Os encadeamentos harmônicos mais comuns ou recorrentes constituem os denominados **clichês harmônicos**. Esses clichês se aplicam em diversos contextos musicais, com a finalidade de criar um efeito sonoro específico, suscitando uma sensação harmônica de familiaridade no ouvinte. Conhecer as funções harmônicas dos acordes é fundamental para uma melhor compreensão da harmonia como um todo e para o desenvolvimento pleno da percepção harmônica.

## 5.4.1 Cadência IV – V – I

Entre as cadências mais encontradas em música de forma geral está a cadência IV – V – I. Tais graus da escala representam as funções de subdominante, dominante e tônica, respectivamente. Essa cadência cria uma ideia de suspensão, preparação e conclusão. Observe, a seguir, a cadência IV – V – I, muito comum na música ocidental.

**Figura 5.25** – Cadência IV – V – I (maior)

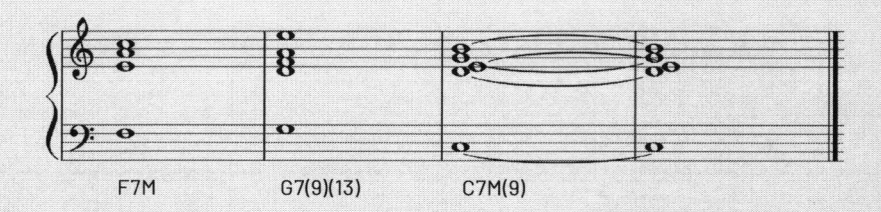

F7M   G7(9)(13)   C7M(9)

**Figura 5.26** – Cadência IV – V – I (menor)

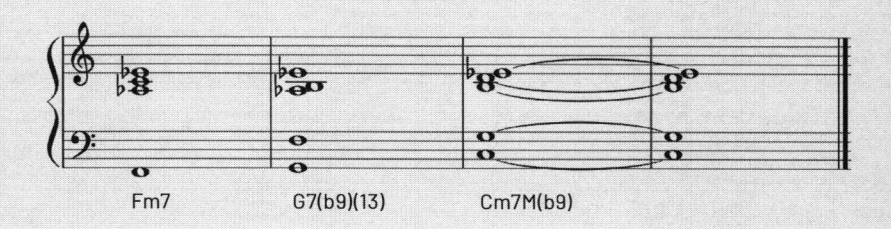

Fm7   G7(b9)(13)   Cm7M(b9)

Os exemplos dados mostram as notas de tensão (nonas e décimas terceiras) acrescentadas aos acordes, de modo a criar uma sonoridade mais encorpada em comparação à mesma sequência com a utilização de acordes simples (tríades e tétrades).

## 5.4.2 Cadência II – V – I

Assim como a cadência IV – V – I, a sequência de acordes dos graus II – V – I representa as funções de subdominante, dominante e tônica. O segundo grau dessa cadência é chamado de *segundo cadencial*, termo recorrente na harmonia popular. A seguir, confira um exemplo da cadência II – V – I em Dó maior.

**Figura 5.27** – Cadência II – V – I (resolução em acorde maior)

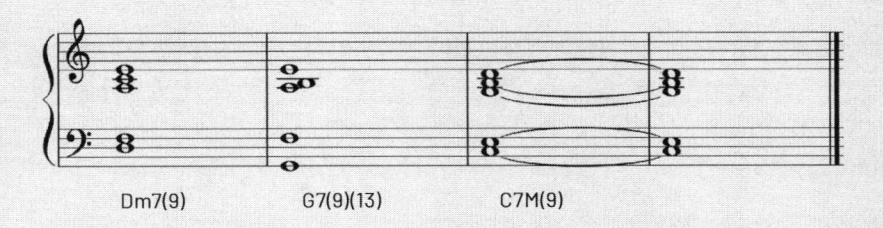

Dm7(9)                G7(9)(13)              C7M(9)

 **Se ligue na batida!**

Perceba como essa cadência é bastante característica – sua sonoridade é fácil de ser identificada, mas, para isso, é preciso treinamento auditivo. Escutar diferentes exemplos musicais e identificar os momentos em que ela aparece é um dos melhores exercícios. Se você recorrer a um *songbook*, em que há a linha melódica na partitura, juntamente à harmonia cifrada, ficará ainda mais fácil essa identificação pelo campo harmônico.

Agora, observe na Figura 5.28 o encadeamento para a resolução em Dó menor.

**Figura 5.28** – Cadência II – V – I (resolução em acorde menor)

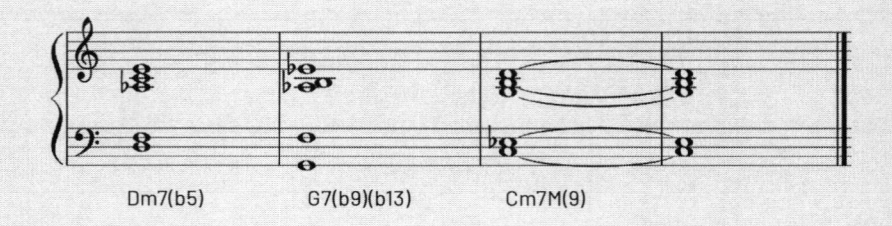

Dm7(b5)　　　G7(b9)(b13)　　　Cm7M(9)

A principal diferença entre a cadência menor e a cadência maior é que a menor tem uma sonoridade mais introspectiva e melancólica. Com relação à estrutura, o segundo grau passa a ter a quinta diminuta; o dominante passa a ser um acorde alterado com (#11), (b13), (b9) ou (#9); e o acorde de primeiro grau é menor, porém, conforme a escala aplicada, a sétima será maior ou menor.

## 5.4.3 Cadências perfeita e imperfeita

A **cadência perfeita** é a mais forte das cadências, visto que cria a sensação de tensão e resolução. Decorrente do encadeamento dos acordes do quinto e primeiro graus (dominante – tônica), quando precedido pela subdominante (segundo ou quarto graus), é chamada de *cadência autêntica*: II – V – I ou IV – V – I. Os exemplos das Figuras 5.25 a 5.28 são de cadências autênticas.

A **cadência imperfeita** também é formada por acordes do quinto e primeiro graus, contudo um desses acordes, ou ambos, aparece invertido, o que torna a progressão mais "fraca".

**Figura 5.29** – Cadência imperfeita

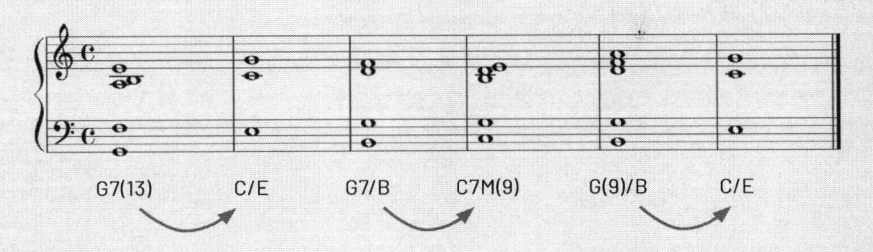

A cadência também é imperfeita quando o VII grau exerce função de dominante. No campo harmônico de Dó maior, seria Bm7(b5) para C; em Fá maior, seria Em7(b5) para F. Veja os exemplos dados.

**Figura 5.30** – Cadência imperfeita (VII – I)

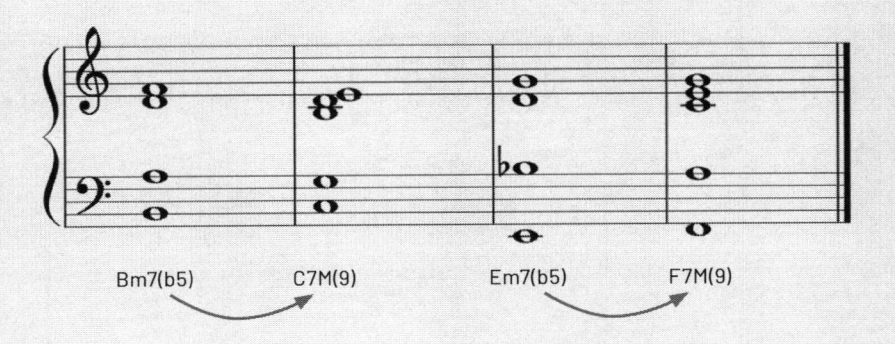

## 5.4.4 Cadências plagal, deceptiva e meia cadência

**A cadência plagal** resulta do encadeamento do segundo ou quarto grau para o primeiro grau (II – I ou IV – I). Popularmente conhecida como a *cadência do amém*, ela ocorre quando um acorde de subdominante resolve na tônica sem passar pelo acorde dominante. Também pode aparecer com os acordes invertidos.

**Figura 5.31** – Cadência plagal (II – I e IV – I)

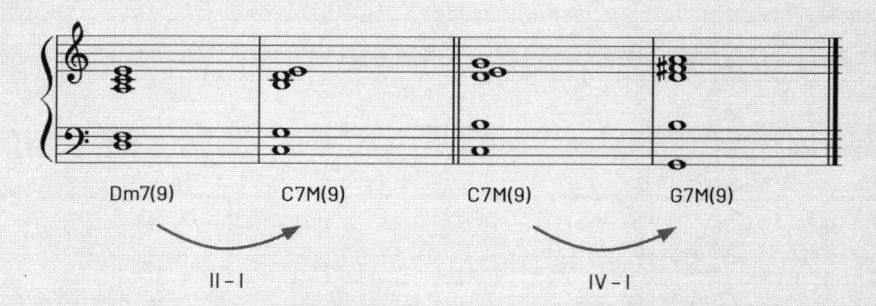

A **cadência deceptiva**, por sua vez, corresponde ao encadeamento de dominante para qualquer outro acorde que não a tônica. Ela cria um efeito surpresa no ouvinte e não soa como conclusiva. Analise o exemplo a seguir.

**Figura 5.32** – Cadência deceptiva

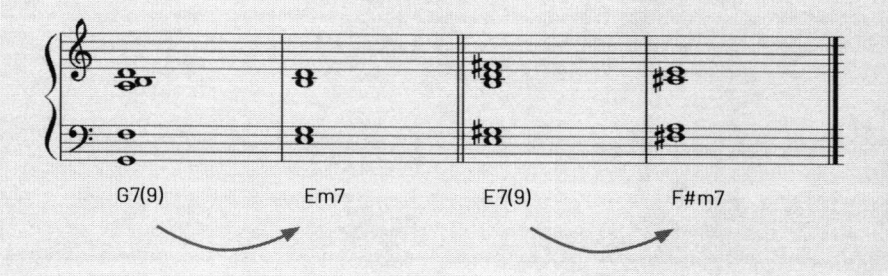

Há ainda a **meia cadência**, em que o acorde de dominante não resolve, isto é, não conclui na tônica nem vai para outro acorde, e a **cadência de engano**, em que o acorde de dominante se resolve no VI grau, seja no modo maior, seja no menor.

Por fim, uma cadência bastante "clichê" é a cadência em acorde maior que desce da oitava para a sétima maior e depois para a sétima menor, no mesmo acorde. Por exemplo, D – D7M – D7. Em acorde menor, o encadeamento mais comum é da oitava para a sexta, como em Am – Am7M – Am7 – Am6.

## 5.4.5 Percepção harmônica em exemplos musicais

Finalmente, chegamos ao momento de ilustrar as cadências descritas com alguns exemplos musicais práticos. Este é o principal objetivo do treinamento auditivo harmônico: ser capaz de escutar, identificar, perceber e reproduzir diferentes cadências das músicas. Observe atentamente os exemplos a seguir e procure escutar as músicas e perceber onde aparecem as cadências em destaque.

- **Cadência perfeita (autêntica)**: *More than Words*, interpretada pela banda Extreme. Nessa canção, a cadência II – V – I aparece em vários momentos. Perceba, entretanto, como ela está mais pronunciada no final do refrão (G#m7 – C# – F#).

**Figura 5.33** – Trecho de *More than Words*, Extreme, 1990

Fonte: Extreme, 1990.

- **Cadência perfeita ⟨menor⟩**: *Não deixe o samba morrer*, interpretada pela cantora Alcione. O encadeamento é Am7(b5) – D7 – Gm, que corresponde a um II – V – I menor.

**Figura 5.34** – Trecho de *Não deixe o samba morrer*, Edson Conceição e Aloísio Silva, 1975.

Fonte: Alcione, 1975.

- **Cadência imperfeita**: *João e Maria*, de Chico Buarque e Sivuca. Logo no início da canção, ao final da primeira frase aparece a cadência imperfeita com os seguintes acordes: Am7(b5) – Bb, ou seja, um acorde de VII grau (meio diminuto) com resolução na tônica ou primeiro grau.

**Figura 5.35** – Trecho de *João e Maria*, Chico Buarque e Sivuca, 1976.

Fonte: Buarque; Sivuca, 1977.

- **Cadência plagal**: *Is This Love*, de Bob Marley. O encadeamento harmônico é F#m – D – A, sendo a tonalidade Lá maior. Nessa canção, a cadência plagal (IV – I) é antecedida por um acorde de VI grau.

**Figura 5.36** – Trecho de *Is This Love*, Bob Marley, 1978.

Fonte: Marley, 1978.

- **Cadência deceptiva**: *Vamos fugir*, de Gilberto Gil e Liminha. Considerando-se a tonalidade de Lá maior, o encadeamento é E7 – F#m. Ouça a melodia e perceba a progressão.

**Figura 5.37** – Trecho de *Vamos fugir*, Gilberto Gil e Liminha, 1984

Fonte: Gil, 1984.

- **Clichê maior**: *É preciso saber viver*, interpretada pela banda Titãs. Trata-se da sequência do mesmo acorde com a oitava descendo semitons (para a sétima maior e depois a sétima menor) e resolução no IV grau (D – D7M – D7 – G7).

**Figura 5.38** – Trecho de *É preciso saber viver*, Roberto Carlos e Erasmo Carlos, 1968.

Fonte: Titãs, 1998.

- **Clichê menor**: *Something*, da banda The Beatles. Aqui, aparecem dois clichês, tanto o maior quanto o menor, mas preste atenção à segunda parte, em Lá menor. A oitava vai descendo semitons: Am – Am7M – Am7 – Am6.

**Figura 5.39** – Trecho de *Something*, The Beatles, 1969

Fonte: The Beatles, 1969.

 **Resumo da ópera**

Neste capítulo, tratamos da percepção harmônica e, mais especificamente, do estudo e da percepção dos acordes complexos, isto é,
com tensões adicionais. Também trabalhamos inversão de acordes,
as progressões harmônicas mais comuns e a percepção harmônica
em exemplos musicais.

Inicialmente, abordamos os acordes com nona: tríades com a
nona adicionada e tétrades com a nona (acordes de nona maior e
menor da dominante, acorde maior com sétima e nona maiores,
acorde menor com sétima menor e nona maior).

Também vimos os acordes com décima primeira e décima terceira, suas características e alguns exemplos das formações mais
utilizados para esses acordes.

Na sequência, apresentamos as principais inversões dos acordes
de nona, décima primeira e décima terceira, cujo objetivo pode ser
suavizar a sonoridade do acorde, tornar a sequência harmônica mais
coerente ou, ainda, criar uma linha melódica no baixo, de acordo
com o contexto.

Em seguida, analisamos diferentes progressões harmônicas conhecidas como clichês harmônicos, que representam as cadências mais encontradas na variedade do repertório musical universal. Como visto no decorrer do capítulo, essas cadências transmitem uma sensação de familiaridade ao ouvinte, possibilitando que diferentes músicas possam ser comparadas em virtude de certa semelhança harmônica, determinada por uma ou outra sequência idêntica.

Por fim, comentamos alguns exemplos musicais com os clichês harmônicos estudados, com destaque para os trechos nos quais essas cadências aparecem mais evidentes em cada música.

A percepção harmônica é um campo vasto para o estudo e o treinamento auditivo e envolve conhecimento teórico e perceptivo para sua efetividade. Não basta dominar apenas a teoria, é preciso colocar em prática os conteúdos aprendidos, o que inclui a escuta dos mais variados estilos musicais e, também, a prática musical instrumental ou vocal, com o treinamento dos diferentes acordes e cadências para a memorização auditiva de suas sonoridades.

##  Teste de som

1. Analise as afirmativas sobre os acordes com nona e marque V para as verdadeiras e F para as falsas.

   ( ) O acorde add9 é uma tríade em que se acrescenta o intervalo de nona.

   ( ) O acorde de nona maior da dominante só pode ser construído sobre o campo harmônico maior.

   ( ) O acorde de nona menor da dominante é um acorde menor com sétima e nona menores.

( ) O acorde maior com sétima e nona maiores é formado sobre o I e o IV graus das escalas maiores.

( ) O acorde menor com sétima menor e nona maior é formado sobre o II e o VI graus das escalas maiores e sobre o IV grau das escalas menores.

Agora, assinale a alternativa que apresenta a sequência correta:

a) F, V, F, F, V.

b) V, V, F, V, V.

c) V, F, V, F, F.

d) F, V, V, F, F.

e) F, F, V, V, F.

2. Analise as afirmativas sobre os acordes com décima primeira e marque V para as verdadeiras e F para as falsas.

( ) É um acorde de cinco sons.

( ) As notas mais importantes são a fundamental, a sétima e a décima primeira.

( ) A décima primeira corresponde à mesma nota que forma o intervalo de quarta com a tônica.

( ) O acorde de décima primeira não deve ser invertido de forma alguma.

( ) É muito comum omitir uma ou mais notas desse acorde.

Agora, assinale a alternativa que apresenta a sequência correta:

a) V, V, F, F, V.

b) F, V, V, F, V.

c) V, F, F, V, F.

d) F, V, F, V, F.

e) V, F, V, F, V.

3. Analise as afirmativas sobre os acordes com décima terceira e marque V para as verdadeiras e F para as falsas.

( ) É um acorde formado por sete sons, sendo que algumas de suas notas podem ser omitidas.

( ) Na maioria das vezes, o acorde de décima terceira é construído sobre um acorde de dominante, porém apenas do modo maior.

( ) A décima terceira corresponde à mesma nota que forma o intervalo de sexta com a tônica.

( ) O acorde de décima terceira apresenta apenas uma inversão.

( ) Quando a décima terceira da dominante é maior, a nona também é maior; quando a décima terceira é menor, a nona também é menor.

Agora, assinale a alternativa que apresenta a sequência correta:

a) V, V, F, F, V.

b) F, F, V, F, F.

c) F, V, V, F, V.

d) V, V, F, V, F

e) V, F, V, F, V.

4. Analise as afirmativas a seguir e assinale a única correta:

a) A cadência IV – V – I é conhecida também como *cadência plagal*.

b) A cadência II – V – I é conhecida como *cadência deceptiva*.

c) A cadência deceptiva corresponde ao encadeamento do IV para o I grau.

d) A cadência perfeita é a mais forte das cadências, pois cria a sensação de tensão e resolução. Corresponde à cadência V – I (dominante – tônica).

e) A meia cadência corresponde ao encadeamento de dominante para qualquer outro acorde que não a tônica.

5. Analise a cadência a seguir e assinale a alternativa que a classifica corretamente:

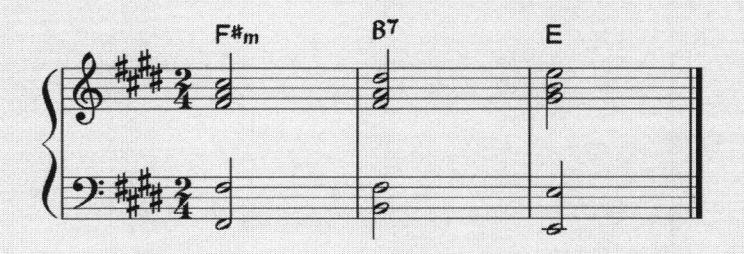

a) Autêntica perfeita.

b) Autêntica imperfeita.

c) Plagal.

d) Deceptiva.

e) De engano.

## Treinando o repertório

### Pensando na melodia

1. Neste capítulo, analisamos diferentes tipos de acordes com tensões adicionais e, também, progressões harmônicas encontradas em exemplos musicais. Você já havia estudado acordes complexos? E as progressões harmônicas mais recorrentes em música, os chamados clichês harmônicos? Avalie seu conhecimento atual sobre esses conteúdos.

2. Existem diferentes aplicações dos acordes estudados. Reflita sobre as formas de praticar a percepção dos acordes de nona, décima primeira e décima terceira e sua identificação nas músicas.

## Som na caixa

1. Procure identificar as cadências mais recorrentes em músicas de seu repertório prático e de escuta e fazer um diário com os clichês harmônicos encontrados.

# DITADOS MELÓDICOS EM COMPASSOS COMPOSTOS E IRREGULARES

Neste capítulo, o objetivo é propiciar o aprimoramento das habilidades de escrita e percepção de melodias em compassos compostos e irregulares. Para que ocorra um treinamento auditivo integral e eficaz, é fundamental desenvolver a percepção melódica. É inegável que, para treinar o ouvido de modo satisfatório, deve-se refinar a escuta, a identificação dos sons e a escrita e reprodução de intervalos, melodias, harmonias e ritmos.

No segundo capítulo deste livro, tratamos da percepção rítmica dos compassos compostos e irregulares. Agora, neste sexto capítulo, será o momento de treinar a percepção melódica desses mesmos compassos, que serão trabalhados nos modos maior e menor. Assim, diversos tipos de percepção serão considerados: da tonalidade, dos intervalos contidos na melodia, dos ritmos (ou figuras rítmicas) presentes e de diferentes fórmulas de compasso. A habilidade de escrita talvez seja uma das mais difíceis de serem desenvolvidas no estudo da percepção, pois é necessária certa visualização dos sons no espaço. Contudo, assim como a habilidade de "tocar de ouvido", ela é essencial para a formação do músico e do professor de música, de modo geral.

Num primeiro momento, a realização de ditados melódicos pode parecer bastante complexa, mas existem certas dicas e estratégias que podem auxiliar nessa prática, e aqui veremos exemplos de melodias para solfejo em compassos compostos e irregulares.

# 6.1 Tonalidades maior e menor: fórmulas de compasso 6 por 8 e 9 por 8

Abordamos anteriormente a leitura e percepção rítmica de trechos musicais escritos nas fórmulas de compasso 6 por 8 e 9 por 8. Agora, é o momento de proceder à leitura e percepção melódica desses mesmos compassos, com exemplos em tonalidade maior e em tonalidade menor.

## 6.1.1 Melodias em compasso 6 por 8

Como explanado no Capítulo 2, o compasso 6 por 8 é um compasso binário composto. Em sua estrutura básica, ele reúne seis colcheias em cada compasso. No entanto, uma de suas principais características é a divisão binária, isto é, o compasso é "sentido" em dois tempos. A caracterização da contagem binária se torna evidente nas acentuações a cada três colcheias.

A canção *Chão de giz*, de Zé Ramalho, é um ótimo exemplo de composição em compasso 6 por 8. Procure escutá-la, percebendo que a canção tem a marcação binária. Note, porém, que se trata de um compasso binário composto, dado que cada tempo pode ser subdividido em três partes iguais. No caso dessa canção, cada tempo é dividido por seis semicolcheias, o que demanda mais atenção para perceber sua divisão métrica.

**Figura 6.1** – Trecho de *Chão de giz*

Fonte: Ramalho, 1978.

Observe, a seguir, outro exemplo de canção em compasso 6 por 8, a música **A** *Thousand Years*, de Christina Perri e David Hodges.

**Figura 6.2** – Trecho de **A** *Thousand Years*

Fonte: Perri; Hodges, 2011.

## Hora do ensaio

*Be Ever Wonderful*, da banda Earth, Wind & Fire, é mais um exemplo musical em compasso binário composto. Agora, como um exercício de escrita, procure escutar e registrar ao menos um trecho dessa melodia na pauta, se possível. Você pode utilizar programas como o MuseScore, o Sibelius ou o Finale, que são editores de partitura. Essa é uma excelente forma de treinamento auditivo que auxilia no desenvolvimento de outras habilidades.

EART, WIND & FIRE. **Be Ever Wonderful**. 23 ago. 2013. Disponível em: <https://www.youtube.com/watch?v=WLsnFQvxw3I>. Acesso em: 10 jan. 2022.

Para a prática da leitura em compasso binário composto, veremos alguns exercícios de solfejo.

## Em alto e bom som

Dica de estudo: primeiro faça a leitura rítmica com palmas e depois a leitura melódica vocal (solfejando com o nome das notas, com o número dos graus ou com outro fonema de sua preferência). Por fim, toque a melodia em seu instrumento.

Exemplos em tonalidade maior

**Figura 6.3** – Compasso 6 por 8: trechos melódicos em tonalidade
maior

Aquecimento maior n. 1

Aquecimento maior n. 2

Melodia com variação

Melodia com saltos

Exemplos em tonalidade menor

**Figura 6.4** – Compasso 6 por 8: trechos melódicos em tonalidade
menor

Aquecimento menor n. 1

Aquecimento menor n. 2

Melodia com variação (modo menor)

Melodia com saltos (modo menor)

## 6.1.2 Melodias em compasso 9 por 8

Igualmente, o compasso 9 por 8 pode ser descrito como um compasso ternário composto. Em sua estrutura básica, cada compasso
abrange nove colcheias; porém, sua característica principal é a

divisão ternária, ou seja, o compasso é "sentido" em três tempos. As acentuações definem essa contagem ternária. Observe o exemplo a seguir.

**Figura 6.5** – Trecho de *Jesus, alegria dos homens*, Bach, 1716.

Fonte: Bach, 1723.

Veja mais um exemplo de melodia em compasso ternário composto. Ela foi apresentada no Capítulo 5, mas é também um ótimo exemplo de compasso 9 por 8.

**Figura 6.6** – Trecho de *João e Maria*, Chico Buarque e Sivuca, 1976.

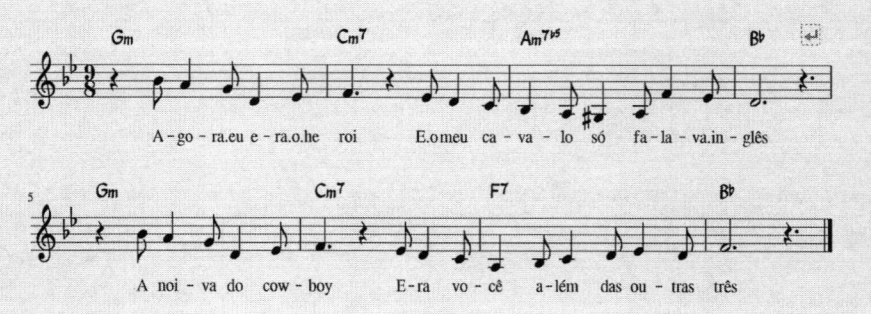

Fonte: Buarque; Sivuca, 1977.

Em um ditado melódico, é preciso pensar na rítmica e na métrica musical, pois uma melodia envolve a distribuição de notas de diferentes alturas em determinado espaço de tempo, tendo as notas certa duração. Na sequência, veremos alguns exercícios de solfejo para praticar a leitura em compasso ternário composto.

Exemplos em tonalidade maior

**Figura 6.7** – Compasso 9 por 8: trechos melódicos em tonalidade maior

Aquecimento menor n. 1

Aquecimento menor n. 2 (Sol maior)

Melodia com variação (Sol maior)

Melodia com saltos (Sol maior)

Exemplos em tonalidade menor

**Figura 6.8** – Compasso 9 por 8: trechos melódicos em tonalidade menor

Aquecimento menor n. 1 (Lá menor)

Aquecimento menor n. 2 (Mi menor)

Melodia com variação (Mi menor)

Melodia com saltos (Mi menor)

# 6.2 Tonalidades maior e menor: fórmula de compasso 12 por 8

Conforme exposto no Capítulo 2, o compasso 12 por 8 é classificado como um quaternário composto, pois cada compasso tem quatro pulsações, sendo estas divididas por três ou múltiplos de três. Cada compasso apresenta em sua estrutura básica 12 colcheias. Veja os exemplos a seguir, referentes a músicas da banda Queen, e perceba a divisão métrica e a estrutura descrita.

**Figura 6.9** – Trecho de *Somebody to Love*, Freddie Mercury, 1976.

Fonte: Mercury, 1976.

**Figura 6.10** – Trecho de *We are the Champions*, Freddie Mercury, 1977.

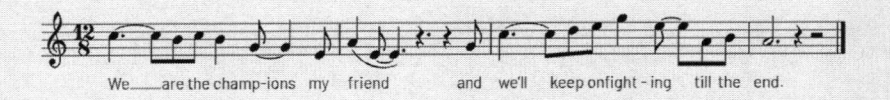

Fonte: Mercury, 1977.

Procure escutar as músicas do início ao fim e tente perceber se há mudanças de compasso. Esse é um ótimo exercício de treinamento auditivo. A seguir, veremos mais alguns exercícios para solfejo e percepção melódica, com exemplos melódicos em compasso quaternário composto.

Exemplos em tonalidade maior

**Figura 6.11** – Compasso 12 por 8: trechos melódicos em tonalidade maior

Aquecimento maior n. 1 (Dó maior)

Aquecimento maior n. 2 (Ré maior)

Melodia com variação (Sol maior)

Melodia com saltos (Ré maior)

Exemplos em tonalidade menor

**Figura 6.12** – Compasso 12 por 8: trechos melódicos em tonalidade menor

Aquecimento menor n. 1 (Mi menor)

Aquecimento menor n. 2 (Lá menor)

Melodia com variação (Lá menor)

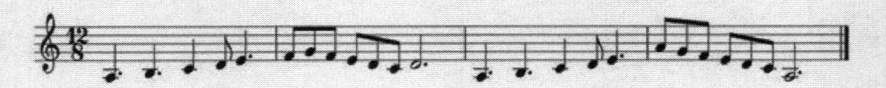

Melodia com saltos (Mi menor)

## 6.3 Tonalidades maior e menor: fórmula de compasso 5 por 4

Passemos, agora, aos compassos irregulares, entre os quais está o compasso 5 por 4. Os compassos irregulares ou mistos, como também são chamados, combinam duas ou mais fórmulas de compassos simples ou compostas. Por serem misturas, suas acentuações são variáveis, de acordo com a escolha do compositor para a divisão das batidas. Gêneros musicais como *rock* progressivo, metal progressivo, *jazz* e música erudita mais contemporânea são os que mais utilizam esse tipo de compasso.

Na sequência, veremos dois exemplos em que a marcação em 5 por 4 fica bastante evidente. Procure tocar os trechos destacados, escutar e perceber a estrutura irregular característica.

**Figura 6.13** – Trecho de *Seven Days*, Sting, 1993.

Fonte: Sting, 1993.

**Só as melhores**

Observe a marcação do piano na melodia anterior. Se você ouvir a versão de Sting com a banda, perceberá que a bateria faz outra acentuação que ajuda na contagem desse compasso. Essa canção também pode ser escrita em 5 por 8, em razão do andamento mais rápido.

STING. **Seven Days**. 11 jan. 2011. Disponível em: <https://www.youtube.com/watch?v=pG7_gceIFL4>. Acesso em: 11 jan. 2022.

Examinemos outro exemplo em 5 por 4.

**Figura 6.14** – Trecho de *Take Five*, Paul Desmond, 1959.

Fonte: Desmond, 1959.

O trecho extraído da música *Take Five*, de Paul Desmond, corresponde ao início da melodia. Essa música foi gravada pelo quarteto de Dave Brubeck em 1959. A marcação rítmica do piano torna o compasso 5 por 4 mais proeminente. Procure escutar a melodia na íntegra para perceber as acentuações que caracterizam esse compasso, marcado pela alternância dos compassos 3 por 4 e 2 por 4 em sua estrutura.

Os compassos irregulares consistem em um verdadeiro desafio para a *performance* musical, por serem mais incomuns e exigirem muita concentração para a contagem dos tempos. Por isso, é preciso internalizar a contagem para que se possa tocar ou cantar de maneira fluida e natural. Como continuação da prática perceptiva, faça a leitura dos exercícios melódicos em compasso 5 por 4, primeiramente por meio do solfejo e depois com seu instrumento musical.

Exemplos em tonalidade maior

**Figura 6.15** – Compasso 5 por 4: trechos melódicos em tonalidade maior

Aquecimento maior n. 1 (Fá maior)

Aquecimento maior n. 2 (Ré maior)

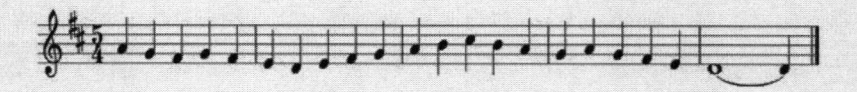

Melodia com variação (Fá maior)

Melodia com saltos (Fá maior)

Exemplos em tonalidade menor

**Figura 6.16** – Compasso 5 por 4: trechos melódicos em tonalidade menor

Aquecimento menor n. 1 (Ré menor)

Aquecimento menor n. 2 (Si menor)

Melodia com variação (Ré menor)

Melodia com saltos (Ré menor)

## 6.4 Tonalidades maior e menor: fórmula de compasso 7 por 4

A fórmula de compasso 7 por 4 também está entre os compassos irregulares ou mistos, em que há alternância de diferentes fórmulas de compasso "embutidas" em sua estrutura. Pode ser uma combinação de 4/4 + 3/4 ou 3/4 + 2/4 + 2/4, entre outras, conforme a acentuação proposta. Na canção a seguir, temos um exemplo dessa estrutura de compasso, que alterna 3/4 com 4/4. Observe a condução do baixo que destaca essa alternância e ajuda na contagem.

**Figura 6.17** – Trecho de *Money*, Roger Waters, 1973.

Fonte: Waters, 1973.

Para você exercitar ainda mais a leitura e treinar a percepção desse compasso irregular, apresentaremos mais alguns exercícios melódicos para serem realizados por meio do solfejo e, também, da prática instrumental. Procure analisar e perceber qual é a alternância de acentuações utilizada em cada melodia – algumas delas estão com os acentos em destaque para auxiliar na marcação. Preste atenção também na tonalidade de cada exercício.

Exemplos em tonalidade maior

**Figura 6.18** – Compasso 7 por 4: trechos melódicos em tonalidade maior

Aquecimento maior n. 1 (Dó maior)

Aquecimento maior n. 2 (Dó maior)

Melodia com variação (Fá maior)

Melodia com saltos (Fá maior)

Exemplos em tonalidade menor

**Figura 6.19** – Compasso 7 por 4: trechos melódicos em tonalidade menor

Aquecimento menor n. 1 (Lá menor)

Aquecimento menor n. 2 (Ré menor)

Melodia com variação (Ré menor)

Melodia com saltos (Ré menor)

# 6.5 Tonalidades maior e menor: mudanças de fórmula de compasso

Trabalhamos até o momento com diferentes fórmulas de compasso e, entre elas, algumas com acentuação mais complexa em sua estrutura métrica. Muitas dessas estruturas representam um verdadeiro desafio para a percepção, principalmente quando não se tem muita familiaridade com esse tipo de compasso. Entretanto, há ainda diversas músicas com mudanças na fórmula de compasso no meio da peça. Pode haver mudança, por exemplo, de um compasso quaternário para um ternário, de um compasso simples para um composto, entre tantas outras possibilidades. Algumas mudanças são mais difíceis de se perceber ou definir, em virtude de diversos fatores. Por outro lado, há mudanças que são mais facilmente identificadas, sendo possível perceber com clareza quais são os compassos presentes.

Na canção *Rays on the Water*, de Thiago Schiefer, já citada no Capítulo 2, os versos e a ponte estão em compasso quaternário (4/4), mas o refrão mescla dois compassos 7/4 e um 6/8. Procure escutar e analisar essa canção, identificando as mudanças presentes em sua estrutura.

Outro exemplo de grupo musical que mescla diferentes fórmulas de compasso na grande maioria das músicas de seu repertório é a banda Dream Theater. Em *The Dance of Eternity*, há diversas mudanças métricas do início ao fim, incluindo não apenas alterações de compasso, mas também de andamento. Observe o trecho em destaque a seguir.

**Figura 6.20** – Trecho de *The Dance of Eternity*, Dream Theater, 1999.

Fonte: Dream Theater, 1999.

Observe mais um exemplo da mesma banda, com mudança de um compasso quaternário simples para um compasso irregular de 7 por 8.

**Figura 6.21** – Trecho da introdução de *About to Crash*, Dream Theater, 2002.

Fonte: Dream Theater, 2002.

Essa é mais uma das músicas da banda em que se utilizam mudanças de compasso do início ao fim. Escute toda a canção e perceba as marcações da bateria e os solos de guitarra e piano (há momentos em que a guitarra dobra com o piano e ambos tocam o tema melódico).

Dessa forma, podemos concluir que, quando há alternância de fórmulas de compasso no decorrer da música, a mudança de uma métrica para outra pode alterar a percepção de movimento do ouvinte, mesmo que o andamento permaneça constante. Esse é um efeito bastante característico e que geralmente mobiliza diversos elementos criativos para impactar o ouvinte.

Exemplos em tonalidade maior

**Figura 6.22** – Mudanças de compasso: tonalidade maior

Exercício n. 1 (Sol maior)

Exercício n. 2 (Si bemol maior)

Exercício n. 3 (Lá maior)

Exemplos em tonalidade menor

**Figura 6.23** – Mudanças de compasso: tonalidade menor
Exercício n. 1 (Si menor)

Exercício n. 2 (Ré menor)

Exercício n. 3 (Mi menor)

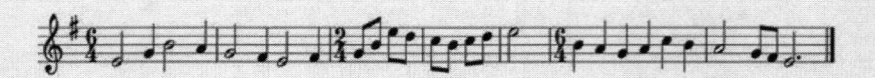

## ▷▷ Resumo da ópera

Neste capítulo, trabalhamos com a escrita, a leitura e a percepção de melodias em compassos compostos e irregulares, o que é de grande proveito para o aprimoramento da percepção musical como um todo. Quando fazemos um ditado melódico, temos de perceber não apenas as relações entre as alturas das notas (intervalos), mas também a forma como o tempo está distribuído em cada compasso, incluindo a percepção rítmica. Identificar compassos compostos e irregulares é um grande desafio, principalmente quando não se tem tanta familiaridade com esse tipo de contagem.

Primeiramente, vimos os compassos 6 por 8 e 9 por 8 (binário e ternário compostos, respectivamente). Foram apresentados exemplos musicais para a escuta e a percepção das melodias e das fórmulas de compasso, assim como foram propostos exercícios em tonalidade maior e menor para exercitar a leitura, o solfejo e a prática instrumental.

Na sequência, abordamos o compasso 12 por 8 (quaternário composto). Também foram indicados trechos de canções que empregam essa fórmula de compasso, além de exercícios em tonalidade maior e menor para leitura, solfejo e prática instrumental. Essas atividades seguiram o mesmo molde da primeira seção: aquecimento, melodia com variação e melodia com saltos.

Depois, examinamos exemplos musicais em compassos irregulares com a fórmula 5 por 4. Destacamos duas músicas que recorrem a essa contagem em sua estrutura métrica. Esses trechos foram apresentados com melodia e piano para facilitar a identificação do compasso e a percepção de sua contagem e acentuações. É pertinente destacar que a íntegra de todas as músicas sugeridas no capítulo pode ser pesquisada em plataformas digitais para vídeo e/ou áudio. Os exercícios de leitura e solfejo seguiram o mesmo molde das seções anteriores.

Posteriormente, trabalhamos com outra fórmula de compasso irregular: 7 por 4, que alterna os compassos ternário e quaternário, ternário com dois binários, entre outras combinações possíveis nessa divisão métrica. Apresentamos um exemplo musical que utiliza essa contagem, com parte da melodia da canção e o acompanhamento de piano que evidencia ainda mais sua estrutura métrica. Os exercícios de leitura sugeridos também foram expostos em tonalidades maiores e menores.

Por fim, examinamos melodias nos modos maior e menor com mudanças de compasso. Como mencionado, variações métricas provocam mudanças na percepção de movimento do ouvinte. Esse efeito característico é utilizado por compositores de forma criativa e pode representar mudanças sutis ou bastante contrastantes com a contagem inicial da música. Mudanças de compasso configuram um grande desafio, não apenas para a percepção, mas também para sua execução. Por isso, é fundamental ampliar o repertório de escuta e analisar o material ouvido atentamente para se familiarizar com estruturas métricas mais complexas.

No decorrer do capítulo, buscamos apresentar diversos exemplos musicais para ilustrar os temas propostos, assim como exercícios de leitura que pudessem ser praticados como um meio para desenvolver ainda mais a percepção melódica e rítmica dos compassos compostos e irregulares e de músicas com mudanças de compasso. Você pode ainda pesquisar muitos outros exemplos e compor um repertório próprio dos temas em destaque. Essa é uma tarefa que requer disciplina e muita atenção para identificar os elementos musicais necessários.

 **Teste de som**

1. Analise o trecho melódico a seguir e assinale a alternativa correta:

**Figura 6A**

a) Apresenta compasso ternário simples.

b) Está em compasso ternário composto.

c) Apresenta compasso 6 por 8.

d) Está em compasso 12 por 8.

e) Tem fórmula de compasso irregular.

2. Ainda com relação ao trecho melódico apresentado no exercício anterior, assinale a alternativa correta quanto à tonalidade:

a) Dó maior.

b) Sol maior.

c) Lá maior.

d) Mi menor.

e) Lá menor.

3. Analise o trecho melódico a seguir e assinale a alternativa correta quanto à tonalidade:

**Figura 6B**

a) Lá maior.

b) Si menor.

c) Ré maior.

d) Ré menor.

e) Sol maior.

4. Ainda com relação à melodia do trecho apresentado no exercício anterior, assinale a alternativa correta quanto à fórmula de compasso:

a) Ternário simples.

b) Ternário composto.

c) Binário simples.

d) Binário composto.

e) Quaternário.

5. Assinale a alternativa que apresenta a fórmula de compasso do trecho melódico a seguir:

**Figura 6C**

a) 6 por 4.

b) 7 por 4.

c) 5 por 4.

d) 12 por 4.

e) 12 por 8.

6. Assinale a alternativa que apresenta a tonalidade do trecho melódico do exercício anterior:

a) Ré menor.

b) Fá maior.

c) Si bemol maior.

d) Lá menor.

e) Dó maior.

 ## Treinando o repertório

### Pensando na melodia

1. Como você avalia seu conhecimento atual sobre melodias em compassos compostos e irregulares? Além de fazer os exercícios sugeridos aqui, de que forma você pode exercitar ainda mais sua percepção, leitura e escrita desses compassos?

2. Em um ditado melódico, há vários conteúdos a serem analisados: fórmula de compasso, tonalidade, intervalos, valores das figuras rítmicas e pausas, entre outros. Pense de que modo você pode aplicar todo esse conhecimento ao transcrever melodias de canções e música instrumental de forma geral. Você pode elaborar um roteiro (passo a passo) que lhe seja útil e, também, que sirva para ensinar seus alunos a perceber todos esses elementos.

### Som na caixa

1. Procure identificar melodias em compassos compostos e irregulares em músicas de seu repertório prático e de escuta. Faça um diário para registrar essas músicas com as respectivas fórmulas de compasso e busque transcrever algumas dessas melodias.

# FECHAM-SE AS CORTINAS

Ao longo deste livro, abordamos diversos conteúdos imprescindíveis para o estudo da percepção musical. Como disciplina dos cursos de música e também como habilidade a ser desenvolvida no decorrer do aprendizado musical, destacamos a importância de um estudo direcionado a conteúdos específicos, bem como a necessidade de integrar conhecimentos práticos e teóricos ao treinamento auditivo. Ouvir e reconhecer sons e elementos musicais é fundamental para que se possa reproduzir e escrever música adequadamente.

Para que esse processo como um todo ocorra de maneira eficaz, faz-se necessária a memorização de diversos aspectos e elementos musicais, como intervalos, ritmos, acordes, escalas, tonalidades e cadências ou progressões harmônicas. Quando há familiaridade com os elementos musicais, sejam eles melódicos, rítmicos ou harmônicos, a percepção e a identificação do ouvinte se tornam mais automáticas.

No primeiro capítulo deste livro, buscamos refletir sobre os fundamentos pedagógicos da percepção musical, por meio de considerações sobre a escuta, o destaque para o papel do professor de música no desenvolvimento da audição musical dos alunos, a importância dos automatismos de base da educação musical e da memorização por *chunks* para a percepção, bem como a noção de paisagem sonora, que contempla todos os sons do ambiente que nos cerca.

No segundo capítulo, foi o momento de trabalhar com a percepção rítmica, mais especificamente a percepção de compassos compostos e irregulares. Existem diversas figuras rítmicas, e é preciso (re)conhecer suas diferentes durações. Além disso, é necessário entender como essas figuras podem ser distribuídas nos diferentes tipos de compasso, assim como o uso de sinais de prolongamento, como os pontos de aumento e as ligaduras. Os compassos irregulares, como visto no decorrer do capítulo, alternam duas ou mais fórmulas de compasso, e é por meio das acentuações e pela forma como as figuras rítmicas se distribuem que podemos perceber e identificar o compasso em questão. Temas como unidade de tempo (U.T.) e unidade de compasso (U.C.) também foram revisados, pois são essenciais para um melhor entendimento de cada fórmula apresentada.

No terceiro capítulo, os intervalos harmônicos foram o tema central, momento em que pudemos analisar a estrutura e a classificação dos intervalos (segunda à oitava), de modo a saber como identificá-los; ademais, examinamos os intervalos compostos e vimos como encontrar seus intervalos simples correspondentes. Foi enfatizada a composição de tons e semitons entre as notas que formam os intervalos musicais, com exemplos ilustrados em diagramas de teclado de piano.

No quarto capítulo, tratamos das escalas pentatônicas e da música modal. Concentramos o foco na formação das pentatônicas maiores e menores, considerando suas principais características, as inversões, a relação com as escalas diatônicas maiores e menores e os contextos em que podem ser aplicadas. A respeito da música modal, foram apresentados cinco dos sete modos: dórico, frígio, lídio, mixolídio e lócrio. Ainda, foram expostos modelos de cada escala modal e foi feita uma comparação com a escala diatônica (maior para os modos maiores e menor para os modos menores). Versamos, também, sobre os intervalos característicos de cada modo e os gêneros musicais em que são mais utilizados. Exemplos melódicos também acompanharam cada uma das escalas analisadas.

No quinto capítulo, a percepção harmônica foi o tema central, com ênfase para os acordes com tensões adicionais: nona, décima primeira e décima terceira, incluindo suas inversões. Também abordamos algumas progressões harmônicas conhecidas como *clichês harmônicos*, em razão de sua recorrência e da sensação de familiaridade provocada no ouvinte, além de exemplos musicais em que esses encadeamentos harmônicos podem ser encontrados.

No sexto e último capítulo, o conteúdo explanado envolveu os ditados melódicos em compassos compostos e irregulares, com exemplos e exercícios para leitura e solfejo em tonalidades maiores e menores. Os temas melódicos foram apresentados em compassos 6 por 8, 9 por 8 e 12 por 8, sendo, respectivamente, binário, ternário e quaternário compostos, e em compassos irregulares de 5 por 4 e 7 por 4. Na seção final, foram estudadas melodias com mudanças de fórmula de compasso das mais variadas, o que representa um grande desafio para a percepção e a escrita musical.

Finalmente, vale enfatizar o quão fundamental é o estudo da percepção musical para o ensino de música, pois o educador musical, qualquer que seja seu campo de atuação – de um instrumento específico, de canto, de prática de conjunto ou, ainda, do ensino regular, em que a didática está mais voltada para a musicalização –, deve reconhecer a necessidade de sensibilizar a escuta para que ocorra o desenvolvimento pleno da percepção musical.

# REFERÊNCIAS

ADOLFO, A. **Harmonia e estilos para teclado**. São Paulo: Irmãos Vitale, 2010.

ALCIONE. Não deixe o samba morrer. In: ALCIONE. **A voz do samba**. [S.l.]: Philips, 1975. 1 CD. Faixa 7.

ALVES, L. **Escalas para improvisação**. São Paulo: Irmãos Vitale, 1997.

BACH, J. S. Jesus, alegria dos homens. In: BACH, J. S. **Coração e boca e ações e vida**. Leipzig: [s.n.], 1723. Piano.

BARBOSA, M. F. S. **Percepção musical como compreensão da obra musical**: contribuições a partir da perspectiva histórico-cultural. 157 f. Tese (Doutorado em Educação) – Universidade de São Paulo, São Paulo, 2009. Disponível em: <https://www.teses.usp.br/teses/disponiveis/48/48134/tde-09092009-162831/publico/MariaFlavia.pdf>. Acesso em: 2 dez. 2021.

BUARQUE, C.; SIVUCA. João e Maria. In: LEÃO, N. **Os meus amigos são um barato**. [S.l.]: Philips; Phonogram, 1977. 1 disco sonoro. Faixa 7.

BUARQUE, C.; ENRIQUEZ, L.; BARDOTTI, S. Minha canção. In: BUARQUE, C. **Os Saltimbancos**. [S.l.]: Philips Records, 1977. Faixa 7.

CAREGNATO, C. Memorização, percepção musical e cognição: oito questionamentos do dia a dia. **Revista Vórtex**, Curitiba, v. 5, n. 3, p. 1-19, 2017. Disponível em: <http://periodicos. unespar.edu.br/index.php/vortex/article/view/2158/1431>. Acesso em: 2 dez. 2021.

CAZNOK, Y. B. **Música**: entre o audível e o visível. 2. ed. São Paulo: Ed. da Unesp; Rio de Janeiro: Funarte, 2008.

CHAFFIN, R.; IMREH, G.; CRAWFORD, M. **Practicing Perfection**: Memory and Piano Performance. Mahwah: Lawrence Erlbaum, 2002.

CHAFFIN, R.; LOGAN, T. R.; BEGOSH, K. T. A memória e a execução musical. Tradução de Stefanie Freitas. **Em Pauta**, Porto Alegre, v. 20, n. 34-35, p. 223-244, jan./dez. 2012. Disponível em: <https://seer.ufrgs.br/EmPauta/article/download/39614/25316>. Acesso em: 2 dez. 2021.

CHEDIAK, A. **Dicionário de acordes cifrados**: harmonia aplicada à música popular. São Paulo: Irmãos Vitale, 1984.

DESMOND, P. Take Five. In: THE DAVE BRUBECK QUARTET. **Time out**. Nova Iorque: Columbia/Legacy, 1959. 1 disco sonoro. Lado A, faixa 3.

DOWLING, W. J. Scale and Contour: Two Components of a Theory of Memory for Melodies. **Psychological Review**, v. 85, n. 4, p. 341-354, 1978. Disponível em: <https://labs.utdallas.edu/app/uploads/sites/100/2021/03/1978-2.pdf>. Acesso em: 2 dez. 2021.

DREAM THEATER. About to Crash. In: DREAM THEATER. **Six Degrees of Inner Turbulence**. Estados Unidos: Elektra Records, 2002. 2 CDs. Faixa 2.

DREAM THEATER. Scene Seven: Part I. The Dance of Eternity. In: DREAM THEATER. **Metropolis Pt. 2**: Scenes from a Memory. Estados Unidos: Elektra Records, 1999. 1 CD. Faixa 9.

DUHIGG, C. **O poder do hábito**: por que fazemos o que fazemos na vida e nos negócios. Tradução de Rafael Mantovani. Rio de Janeiro: Objetiva, 2012.

EXTREME. More than Words. In: EXTREME. **Extreme II**: Pornograffitti. [S.l.]: A&M Records, 1990. 1 CD. Faixa 5.

FÉLIX, A. Compasso simples e composto. **O Clarinetista**, 2 maio 2014. Disponível em: <http://o-clarinetista.blogspot.com/2014/05/compasso-simples-e-composto.html>. Acesso em: 2 dez. 2021.

FONTERRADA, M. T. de O. **De tramas e fios**: um ensaio sobre música e educação. 2. ed. São Paulo: Ed. da Unesp; Rio de Janeiro: Funarte, 2008.

GANDELMAN, S.; COHEN, S. **Cartilha rítmica para piano de Almeida Prado**. Tradução de Cristiano Botafogo e Cliff Korman. Rio de Janeiro: Instituto Musica Brasilis, 2006.

GATTINO, G. S. Algumas considerações sobre os efeitos negativos da música. **Revista Música Hodie**, Goiânia, v. 15, n. 2, p. 62-72, 2015. Disponível em: <https://www.revistas.ufg.br/musica/article/view/39701/20255>. Acesso em: 2 dez. 2021.

GIL, G. Vamos fugir. In: GIL, G. **Raça humana**. Rio de Janeiro: Warner Music Brasil, 1984. Lado B, faixa 5.

GONZAGA, L. Baião. In: GONZAGA, L. **Juazeiro/Baião**. [S.l.]: RCA Victor, 1949. 1 disco sonoro.

GONZAGA, L.; TEIXEIRA, H. Asa branca. In: GONZAGA, L. **Asa branca**. [S.l.]: RCA Victor, 1947. Lado B.

GRIEG, E. Morning Mood. In: GRIEG, E. **Peer Gynt Suite n. 1, Op. 46**. [S.l.]: [s.n.], 1875.

MADALOZZO, T. **Percepção musical**. [S.l.]: Unicentro, 2014. Disponível em: <http://repositorio.unicentro.br:8080/jspui/handle/123456789/865>. Acesso em: 2 dez. 2021.

MARLEY, B. Is This Love. In: MARLEY, B.; WAILERS, T. **Kaya**. [S.l.]: Tuff Gong; Island, 1978. 1 disco sonoro. Lado A, faixa 3.

MARTINEZ, J. L. Ciência, significação e metalinguagem: Le sacre du printemps. **Opus**, Campinas, v. 9, p. 87-102, dez. 2003. Disponível em: <https://www.anppom.com.br/revista/index.php/opus/article/view/89/72>. Acesso em: 2 dez. 2021.

MAYFIELD, P. Hit the Road Jack. Intérprete: Ray Charles. In: CHARLES, R. **The Danger Zone**. Nova Iorque: ABC, 1961. Lado B.

MED, B. **Teoria da música**. 4. ed. rev. e ampl. Brasília: Musimed. 1996.

MENUHIN, Y.; DAVIS, C. W. **A música do homem**. Tradução de Auriphebo Berrance Simões. 2. ed. São Paulo: M. Fontes, 1990.

MERCURY, F. Somebody to Love. In: QUEEN. **A Day at the Races**. Reino Unido; Estados Unidos: EMI; Elektra, 1976. 1 disco sonoro. Lado B, faixa 1.

MERCURY, F. We Are the Champions. In: QUEEN. **News of the World**. Reino Unido; Estados Unidos: EMI; Elektra, 1977. 1 disco sonoro. Lado A, faixa 2.

NOGUEIRA, M. A semântica do entendimento musical. In: ILARI, B. S.; ARAÚJO, R. C. de. (Org.). **Mentes em música**. Curitiba: Ed. da UFPR, 2010. p. 35-61.

PAREJO, E. Edgar Willems: um pioneiro da educação musical. In: MATEIRO, T.; ILARI, B. S. (Org.). **Pedagogias em educação musical**. Curitiba: InterSaberes, 2012. p. 89-123.

PERRI, C.; HODGES, D. A Thousand Years. In: PERRI, C. et al. **The Twilight Saga**: Breaking Dawn – Part 1: Original Motion Picture Soundtrack. EUA: Atlantic Records, 2011. 1 CD. Faixa 6.

PITTY. Máscara. In: PITTY. **Admirável chip novo**. Rio de Janeiro: Deckdisc; Polysom, 2003. 1 CD. Faixa 3.

PRINCE, A. **Método Prince**: leitura e percepção – ritmo. Rio de Janeiro: Irmãos Vitale, 1993. v. 3.

PUENTE, T. Oye cómo va. In: PUENTE, T. **El rey bravo**. Nova Iorque: Tico Records, 1962. Lado A, faixa 2.

RAMALHO, Z. Chão de giz. In: RAMALHO, Z. **Zé Ramalho**. [S.l.]: Epic, 1978. 1 disco sonoro. Lado A, faixa 3.

SACKS, O. **Alucinações musicais**: relatos sobre a música e o cérebro. Tradução de Laura Teixeira Motta. São Paulo: Companhia das Letras, 2007.

SANTOS, R. A. A perspectiva da criatividade nos modelos de conhecimento musical. In: ILARI, B. S.; ARAÚJO, R. C. de. (Org.). **Mentes em música**. Curitiba: Ed. da UFPR, 2010. p. 91-110.

SCHAFER, R. M. **A afinação do mundo**. Tradução de Marisa Trench de O. Fonterrada. São Paulo: Ed. da Unesp, 2001.

SCHAFER, R. M. **O ouvido pensante**. Tradução de Marisa Trench de O. Fonterrada, Magda R. Gomes da Silva e Maria Lúcia Pascoal. São Paulo: Ed. da Unesp, 1991.

SENNA, C. **Curso de harmonia**. Rio de Janeiro: Unirio, 2002.

SILVA, A. N. de C. Trilha de sons, construindo a escrita musical. **Música na Educação Básica**, Londrina, v. 4, n. 4, p. 48-57, nov. 2012. Disponível em: <http://abemeducacaomusical.com.br/revista_musica/ed4/pdfs/RevistaMeb4_trilha.pdf>. Acesso em: 3 dez. 2021.

SLOBODA, J. A. **A mente musical**: a psicologia cognitiva da música. Tradução de Beatriz Ilari e Rodolfo Ilari. Londrina: Eduel, 2008.

SNYDER, B. Memory for Music. In: HALLAM, S.; CROSS, I.; THAUT, M. (Ed.). **The Oxford Handbook of Music Psychology**. New York: Oxford University Press, 2016. p. 167-180.

STING. Seven Days. In: STING. **Ten Summoner´s Tales**. Reino Unido: A&M Records, 1993. 1 disco sonoro. Lado A, faixa 6.

THE BEATLES. Something. In: THE BEATLES. **Abbey Road**. Londres: Apple Records, 1969. Lado A, faixa 2.

TITÃS. É preciso saber viver. In: TITÃS. **Volume dois**. [S.l.]: WEA, 1998. 1 CD. Faixa 15.

TORRES, M. A. Os sons da paisagem: entre conceitos, contextos e composições. **Geograficidade**, v. 8, n. especial, p. 141-154, abr. 2018. Disponível em: <https://periodicos.uff.br/geograficidade/article/view/13165/pdf>. Acesso em: 3 dez. 2021.

TURMA DÓ RÉ MI. Dó Ré Mi. In: TURMA DÓ RÉ MI. **As 36 melhores cantigas de roda**. [S.l.]: Brasidisc, 1986. Lado B, faixa 5.

UNIDADE de tempo: compasso composto. **Culturamix**, 2019. Disponível em: <https://musica.culturamix.com/cifras/unidade-de-tempo-compasso-composto>. Acesso em: 3 dez. 2021.

VANDRÉ, G.; PASCOAL, H. O ovo. In: NOVO, Q. **Quarteto novo**. [S.l.]: Odeon, 1967. Lado A, faixa 1.

WATERS, R. Money. In: PINK FLOYD. **The Dark Side of the Moon**. Reino Unido; Estados Unidos: Harvest Records; Capitol Records; CBS/Columbia, 1973. 1 disco sonoro. Lado B, faixa 1.

WILLIAMS, J. Tema. In: WILLIAMS, J. **E.T. – O Extraterrestre**. EUA: MCA Records, 1982. 1 disco sonoro.

# BIBLIOGRAFIA COMENTADA

ADOLFO, A. **O livro do músico**: harmonia e improvisação para piano, teclado e outros instrumentos. Rio de Janeiro: Lumiar, 1989.

Nessa obra, Antonio Adolfo trabalha com diversos conteúdos fundamentais para todo músico, incluindo temas relacionados à percepção harmônica. Alguns dos assuntos são: diferentes estilos musicais, formação de acordes, harmonização e rearmonização, transposição, princípios de improvisação, marchas harmônicas, ornamentos, progressões melódicas e tensões adicionadas aos acordes.

ALVES, L. **Escalas para improvisação**. São Paulo: Irmãos Vitale, 1997.

Esse livro é um trabalho que contém 34 diferentes escalas que podem ser utilizadas em diversas criações melódicas e improvisos. Entre elas estão as escalas pentatônicas maior e menor e os modos dórico, frígio, lídio, mixolídio e lócrio. Além de mostrar como as escalas são construídas, o autor apresenta diversos contextos de aplicação e uma breve análise sobre cada uma delas.

BAÊ, T. **Canto**: uma consciência melódica – os intervalos através dos vocalizes. São Paulo: Irmãos Vitale, 2003.

Nesse livro, Tutti Baê propõe o estudo dos intervalos musicais com base no uso da voz. Por meio de exercícios vocais (vocalizes), a autora visa ao treinamento do solfejo e, consequentemente, à memorização auditiva de todos os intervalos simples. Acompanha a obra um CD com 130 exercícios, os quais auxiliam no estudo prático. Os exercícios são todos melódicos; isso porque o estudo e a memorização dos intervalos melódicos são fundamentais para a percepção dos intervalos harmônicos e a dissociação dos sons de cada intervalo.

BENWARD, B.; KOLOSICK, T. **Percepção musical**: prática auditiva para músicos. Tradução de Adriana Lopes da Cunha Moreira. São Paulo: Edusp; Ed. da Unicamp, 2009.

Trata-se de uma obra que abrange diversas etapas da construção do ouvido musical, com vistas a uma formação que contempla conhecimento histórico e prático, criatividade e domínio rítmico. Dividida em 16 capítulos, contém exercícios progressivos com o objetivo de trabalhar elementos técnicos, práticos e teóricos imprescindíveis à percepção musical. O autor defende que o método de estudo da percepção deve ser diversificado e enumera algumas das habilidades que podem ser adquiridas com a realização dos exercícios: identificação de intervalos, registro de melodias após, no máximo, três audições, identificação de progressões harmônicas, distinção de padrões rítmicos e fluência na transcrição de frases musicais.

CHEDIAK, A. **Dicionário de acordes cifrados**: harmonia aplicada à música popular. São Paulo: Irmãos Vitale, 2017.

Essa obra apresenta diversos acordes para violão e suas inversões, mas serve também para o estudo da harmonia popular de forma geral. Entre outros conteúdos estão a substituição de acordes e a análise harmônica de 40 canções do repertório brasileiro.

FARIA, N. **Acordes, arpejos e escalas**: para violão e guitarra. Rio de Janeiro: Lumiar, 1999.

Nessa obra, também são abordadas a formação de acordes e suas inversões, bem como acordes com notas de tensão. Outros assuntos contemplados são: arpejos, escalas diatônicas, escalas pentatônicas, escalas *blues*, escalas simétricas e modos gregos. Por fim, o autor trabalha com ideias para a construção de fraseado na cadência II – V – I.

GRAMANI, J. E. **Rítmica viva**: a consciência musical do ritmo. 2. ed. Campinas: Ed. da Unicamp, 2008.

Nesse livro, são propostos exercícios de leitura rítmica para o músico desenvolver não apenas a capacidade de contar os tempos, mas também a de sentir o pulso e o ritmo. O autor reconhece a importância de saber "contar" os tempos, assim como a necessidade de tornar a leitura e a execução rítmicas mais orgânicas. "Sentir" a ideia rítmica possibilita que se incorpore o aprendizado de forma mais efetiva. É nesse caminho que José Eduardo Gramani busca trilhar, por meio de leituras a duas ou mais vozes, algumas peças para piano e outras para violão, com destaque para aspectos rítmicos interessantes. Ao promover diferentes leituras rítmicas,

esse material permite aprimorar a percepção. Conforme a contra-
capa, não se trata de um método, mas de uma coleção de propostas.

MATEIRO, T.; ILARI, B. (Org.). **Pedagogias em educação musical**.
Curitiba: InterSaberes, 2012.

Essa obra apresenta as ideias de dez grandes pedagogos musicais, considerados clássicos para a educação musical: Émile
Jaques-Dalcroze, Zoltán Kodály, Edgar Willems, Carl Orff, Maurice
Martenot, Shinichi Suzuki, Gertrud Meyer-Denkmann, John Paynter,
Raymond Murray Schafer e Jos Wuytack. Cada proposta pedagógica é descrita em um capítulo, por diferentes autores. A estrutura
de cada capítulo abrange as seguintes seções: "Ideias"; "Vida e
obra"; "Proposta pedagógica"; e "Sala de aula". Trata-se de uma
excelente leitura para compreender as atuais concepções do
ensino de música e as diferentes formas de pensamento e atuação pedagógica influenciadas por tais pedagogos.

PAZ, E. A. **O modalismo na música brasileira**. Brasília: Musimed,
2002.

Eis outra indicação de leitura sobre música modal. Esse trabalho
aborda o uso dos modos na música brasileira de diversas vertentes:
música folclórica, música sacra católica e evangélica, música erudita e música popular brasileira, incluindo 348 exemplos musicais
que ilustram a utilização desse recurso nas composições.

POZZOLI, H. **Guia teórico-prático para o ensino do ditado musical**. São Paulo: Ricordi, 1983.

Esse material configura um dos métodos mais utilizados para o ensino de música e, mais especificamente, para o estudo do solfejo rítmico e do solfejo melódico. Divide-se em dois livros de quatro volumes, sendo os volumes I e II direcionados para a prática de ditados rítmicos e os volumes III e IV para a prática de ditados melódicos e harmônicos. Esse método se apresenta como um meio sistematizado de desenvolver e treinar o ouvido de forma musical.

O primeiro livro, dedicado ao aprendizado rítmico, aborda os seguintes conteúdos: proposição rítmica, compasso simples versus compasso composto, ditado rítmico, divisão da unidade de tempo (grupos rítmicos), sinais de notação (origem do compasso), unidades de tempo (ritmos binário e ternário) e lições com exercícios em compassos simples, compostos e em ritmos mistos.

O segundo livro, voltado para o aprendizado melódico, contém exercícios que buscam ajudar o aluno a encontrar um meio de familiarizar o ouvido e aguçar a percepção dos sons pela distinção destes em variadas alturas. Contempla os seguintes conteúdos: ditado harmônico, exemplos de compassos pouco usados, exercícios para distinção entre o intervalo de um tom e o de um semitom, exercícios sobre as modulações, exercícios sobre intervalos de segunda a sétima, exercícios em compassos compostos, nos modos maior e menor, entre outros tópicos.

PRINCE, A. **Método Prince**: leitura e percepção – ritmo. Rio de Janeiro: Irmãos Vitale, 1993. v. 3.

Trata-se de uma obra em três volumes que apresenta conceitos e elementos do ritmo, além de exercícios para o treinamento da leitura e da percepção rítmica. De maneira didática e gradativa, o autor propõe exercícios de leitura a uma e duas vozes (simultâneas e alternadas) em compassos simples, compostos e alternados (irregulares). Esse material é reconhecido por autores como Ian Guest e Almir Chediak, ambos com grande representatividade no meio musical.

SCHAFER, R. M. **A afinação do mundo**. Tradução de Marisa Trench de O. Fonterrada. São Paulo: Ed. da Unesp, 2001.

Nesse material, Raymond Murray Schafer estabelece conexões a respeito do som e do ambiente de modo interdisciplinar, buscando traçar o histórico da paisagem sonora desde os primórdios até 1975, com a descrição das transformações ocorridas no ambiente acústico mundial. Destacam-se na obra os sons naturais, os sons da vida, a paisagem sonora rural (do vilarejo à cidade) e a paisagem sonora pós-industrial, resultante da Revolução Industrial e da revolução elétrica, as quais trouxeram "poluição sonora" exacerbada para nossos dias, tornando-se necessária uma limpeza de ouvidos para o exercício pleno da escuta e da percepção.

SCHAFER, R. M. **O ouvido pensante**. Tradução de Marisa Trench
de O. Fonterrada, Magda R. Gomes da Silva e Maria Lúcia
Pascoal. São Paulo: Ed. da Unesp, 1991.

Nessa obra, Schafer promove uma série de reflexões pertinen-
tes ao ensino de música. Essa é uma leitura recomendada para
todos os professores que desejam ampliar seu olhar sobre o ensino
e, até mesmo, sobre seu entendimento do conceito de música.
Infelizmente, muitos ainda acreditam que música é para poucos,
para uma elite dotada de talento e vastos recursos financeiros.
Compositor e artista plástico, o autor defende a ideia de que toda
a população pode fazer música e apresenta proposições revolu-
cionárias para a educação musical. Entre elas, aborda o conceito
de limpeza de ouvidos e a noção de paisagem sonora.

# RESPOSTAS

## Capítulo 1
### Teste de som

1. b
2. e
3. c
4. c
5. b

## Treinando o repertório

### Pensando na melodia

1. A pergunta é de cunho pessoal e deve ser respondida conforme o conteúdo trabalhado nas Seções 1.1 e 1.2.

2. A pergunta é de cunho pessoal e deve ser respondida com base em todo o conteúdo apresentado no capítulo.

# Som na caixa

## 1.

### Quadro 1A

| Nome da figura | Símbolo | Fração do compasso | Relação com a semínima | Nome da pausa | Símbolo da pausa | Fração da pausa da semínima |
|---|---|---|---|---|---|---|
| Semibreve | o | 1 | 4 | Pausa de semibreve | ▬ | 4 |
| Mínima | ♩ | 1/2 | 2 | Pausa de mínima | ▬ | 2 |
| Semínima | ♩ | 1/4 | 1 | Pausa de semínima | ξ | 1 |
| Colcheia | ♪ | 1/8 | 1/2 | Pausa de colcheia | ৭ | 1/2 |
| Semicolcheia | ♬ | 1/16 | 1/4 | Pausa de semicolcheia | ৠ | 1/4 |

### Quadro 1B

| Nome da nota | Símbolo | Duração | Relação da semínima |
|---|---|---|---|
| Mínima pontuada | ♩. | ♩ + ♩ | 3 |
| Semínima pontuada | ♩. | ♩ + ♪ | 1 + 1/2 = 1,5 |
| Colcheia pontuada | ♪. | ♪ + ♬ | 1/2 + 1/4 = 0,75 |

2. A pergunta é pessoal e deve ser respondida com base na Seção 1.5.

# Capítulo 2
## Teste de som

1. b

2. c

3. d

4. e

5. a

## Treinando o repertório

### Pensando na melodia

1. A pergunta é de cunho pessoal e deve ser respondida com base em todo o conteúdo apresentado no capítulo.

2. A resposta é pessoal e deve levar em conta características da formação musical recebida ao longo da vida.

### Som na caixa

1. A pergunta deve ser respondida com base em pesquisa de repertório, considerando-se os conteúdos abordados nas Seções 2.1 a 2.4.

2. A pergunta deve ser respondida com base em pesquisa de repertório, considerando-se os conteúdos abordados na Seção 2.5.

# Capítulo 3
## Teste de som

1. c

2. a

3. a

4. d

5. a

## Treinando o repertório

### Pensando na melodia

1. A pergunta é de cunho pessoal e deve ser respondida com base em todo o conteúdo apresentado no capítulo.

2. A pergunta é de cunho pessoal e deve ser respondida com base em todo o conteúdo apresentado no capítulo.

### Som na caixa

1. A pergunta é de cunho pessoal e deve ser respondida com base nas Seções 3.1 a 3.4.

2. A pergunta é de cunho pessoal e deve ser respondida com base em pesquisa de repertório para a composição de uma lista de melodias de referência que sejam familiares a seu ouvido.

## Capítulo 4

## Teste de som

1. c

2. c

3. a

4. e

5. b

## Treinando o repertório

### Pensando na melodia

1. A pergunta é de cunho pessoal e deve ser respondida com base em todo o conteúdo apresentado no capítulo e em sua pesquisa sobre estratégias de estudo.

2. A pergunta é de cunho pessoal e deve ser respondida com base em uma avaliação de sua formação musical e em todo o conteúdo apresentado no capítulo.

## Som na caixaa

1.

a) Escala pentatônica maior de Sol:

b) Escala pentatônica menor de Sol:

c) Escala pentatônica maior de Ré:

d) Escala pentatônica menor de Ré:

e) Modo dórico de Lá:

f) Modo frígio de Lá:

g) Modo lídio de Lá:

h) Modo mixolídio de Lá:

i) Modo lócrio de Lá:

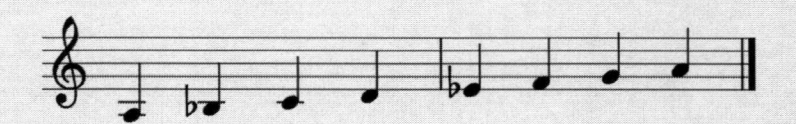

2. A resposta deve incluir pesquisa de repertório com base nos conteúdos apresentados na Seção 4.2.

# Capítulo 5
# Teste de som

1. b

2. b

3. e

4. d

5. a

## Treinando o repertório

### Pensando na melodia

1. A resposta é de cunho pessoal e deve ser respondida com base em uma autoavaliação referente ao domínio do conteúdo apresentado no capítulo.

2. A resposta é pessoal e deve levar em conta os conteúdos apresentados nas Seções 5.1 a 5.3.

### Som na caixa

1. A resposta deve incluir pesquisa de repertório e levar em conta o conteúdo abordado na Seção 5.4.

# Capítulo 6

## Teste de som

1. b

2. e

3. c

4. d

5. b

6. a

# Treinando o repertório

## Pensando na melodia

1. A resposta é de cunho pessoal e deve ser respondida com base em uma autoavaliação referente ao domínio do conteúdo apresentado no capítulo.

2. A resposta deve considerar todo o conteúdo trabalhado no capítulo e pode incluir pesquisa sobre estratégias de estudo para percepção.

## Som na caixa

1. A resposta deve incluir pesquisa de repertório e levar em conta o conteúdo abordado em todo o capítulo.

# SOBRE A AUTORA

**Bruna Kaiser Wasem de Loreto** é pianista, professora e musicoterapeuta licenciada em Música pela Escola de Música e Belas Artes do Paraná (Embap) e em Musicoterapia pela Faculdade de Artes do Paraná (FAP). É mestra em Música pela Universidade Federal do Paraná (UFPR), com foco em Educação Musical e Cognição, e pesquisa sobre memorização musical financiada pela Coordenação de Aperfeiçoamento de Pessoal de Nível Superior (Capes). Também se especializou em Pedagogia do Piano e *Performance* na Universidade Estadual do Paraná (Unespar – Campus Curitiba I). Foi pianista integrante do Grupo de MPB da UFPR no ano de 2012, tendo gravado uma faixa do álbum *Terra de Pinho II: música paranaense em arranjos vocais*. Foi professora do projeto de extensão Musicalização Infantil (Canto Coral), vinculado à UFPR, de 2014 a 2015. No período em que cursou o mestrado, também foi membro do Grupo de Pesquisa Música e Expertise (Grume), fundado e liderado pelo professor Danilo Ramos. Trabalhou como professora de piano na Academia de Músicos, integrando atualmente o corpo docente da Musicking e do curso de Piano para Crianças do Conservatório de MPB de Curitiba.

Impressão:
Maio/2022